GUIARAMA
SUIZA

ANAYA TOURING CLUB

Arriba: *Hermoso ejemplar de San Bernardo.*

Apacible panorámica de Lucerna desde el río.

Redacción: **AA Publishing** y **Richard Sale**
Traducción: **María E. García Cameselle**
Edición: **Luis Bartolomé y Ana Mª López**
Coordinación técnica: **Mercedes San Ildefonso y Pila Iglesias.**

Todas las fotografías pertenecen al archivo **AA WORLD TRAVEL LIBRARY** y fueron tomadas por **ADRIAN BAKER:** 1, 2, 6b, 7b, 42, 46b, 73b, 76/77, 86b, 100b; y **STEVE DAY:** 6a, 19i, 35, 36a, 37, 38a, 39, 40a, 41a, 43a, 44a, 44d, 45a, 45b, 46a, 47a, 48, 49, 51a, 51b, 53, 54, 55a, 56, 57, 58, 58/59, 59, 60, 61, 64a, 65b, 66, 68, 69, 70a, 71a, 71c, 72i, 73a, 75a, 76, 77, 78a, 78b, 79i, 79d, 80, 82b, 85, 88, 88/89, 109c, 109b, 110d.
excepto las siguientes: **Alpen Region Tourism** 22b; 38c; 43b; **Bern Tourism** 36c; **Berner Oberland Tourism** 34; **Brig Tourism** 84c; **Brunnen Tourism** 21c, 50; Copyright Diablarets Tourisme 87i; **Davos Tourism** 94, 95, 96a, 96b, 97, 100i, 101, 102a, 103, 104a, 105, 106a, 107a, 107b, 108, 109a, 110i, 111a, 111b, 112; **Engelberg-Titlus Tourismus** AG 21ti, 52; **Geneva Tourism** 62, 63; **Interlaken Tourism** 40b, 41c; **Kunstmuseum, Basel** 30, 31; **Lausanne Tourism (© Stephen Engler)** 64; **Leventina Tourism** 18c, 70c; **Lugano Tourisme** 75b; **Maggiore Tourisme** 70b, 72i, 74; **MRI Bankers Guide to Foreign Currency** 9; **Nyon Region Tourisme** 67; **Picture Tourist Office Pontresina** 18b, 98; **Rigi Tourism** 54/55, 55c, 104b; **Saas-Fee Tourism** 81, 82a, 83a, 84a, 86a, 87i, 88l, 89, 90a, 90b, 91a, 91c, 92a, 93; **Tourism Board St. Moritz** 5, 14a, 15a, 15b, 16a, 17a, 18a, 19i, 20a, 21ai, 22a, 24a, 24c, 25a, 26, 27, 99i, 109b; **Villars Tourism (Studio Patrick Jantet Villars)** 92c; **Wengen Tourism** 47c; **World Trade Organisation** 17b; **Zuos Tourism** 102/103; **Zurich Tourismus** 7a, 14b, 20b, 21b, 23b, 28, 29, 32, 33.
a=arriba; b=abajo; c=centro; i=izquierda; d=derecha.

Enero 2005

ISBN: 84-9776-122-7
Printers Trento, S.R.L.
Impreso en Italia-Printed in Italy A02204

Contenido

Cómo utilizar esta guía

SÍMBOLOS UTILIZADOS

A lo largo de esta guía se han utilizado símbolos sencillos y claros para indicar las siguientes categorías:

- dirección o localización
- número de teléfono
- horario
- restaurante o café
- información turística
- entrada
- referencia a la página con información más detallada

Esta **Guiarama** de ***Suiza*** está dividida en cuatro secciones que abarcan los aspectos más importantes de su visita a Suiza.

Toda la información necesaria para el viajero presentada de forma visual.

Se divide el país en siete regiones, cada una con una introducción y listado alfabético de los lugares más interesantes, información práctica y paseos y rutas panorámicas en la zona.

Nota: durante el invierno no se podrán realizar algunos de los paseos y rutas sugeridas debido a la nieve. Es preciso consultar en las oficinas de turismo.

Información detallada de los mejores restaurantes, alojamiento, compras y ocio.

Precios
El precio aproximado de los establecimientos se indicará mediante los signos:
C caro, **M** moderado y **E** económico.

Precio de entradas

Caro	= más de 13 CHF
Moderado	= entre 7-13 CHF
Económico	= menos de 7 CHF

La esencia de Suiza

Pintoresco valle suizo con cuidados huertos y casas de madera rodeadas de imponentes montañas coronadas de nieve.

Suiza, con sus frondosos valles, verdes praderas dedicadas al cultivo de árboles frutales y pasto y sus montañas y glaciares alpinos, constituye un auténtico tesoro natural. Al viajar por el país descubrimos sorprendidos que la historia, la lengua, la cultura y la cocina cambia de valle a valle. En cualquier época del año, Suiza es un destino ideal para pasar unas vacaciones. Se puede planear un viaje a pie, en bicicleta o en coche, atravesar verdes praderas, subir a picos impresionantes o navegar por lagos de aguas prístinas y dejarse sorprender por la diversidad del paisaje y también por la eficiencia y pulcritud del país. Gracias al eficiente transporte público resulta sencillo llegar a los lugares más remotos para disfrutar del esquí, senderismo y visitar pintorescos pueblos de montaña. Suiza es, sin duda, un país hermoso y los suizos hacen lo posible para que el visitante disfrute de su estancia en el país.

Bucólica estampa del paisaje suizo.

Información práctica

Arriba: *El tranvía en Zürich.* Derecha: *tren panorámico a Zermatt.*

DIFERENCIA HORARIA

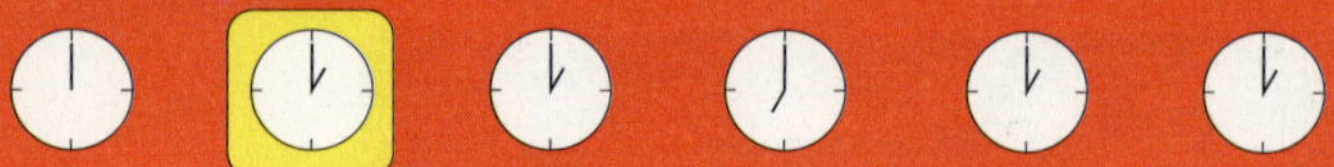

HMG	Suiza →	España →	←	→	→
12	1PM	1PM			

ANTES DE PARTIR

LO QUE HACE FALTA

● Necesario
○ Recomendado
▲ Innecesario

Algunos países necesitan pasaporte válido por un periodo mínimo (normalmente 6 meses) a partir de la fecha de entrada. Contacte con su embajada o consulado para más detalles.

					España
Pasaporte					●
Visado					▲
Billete de ida o vuelta					▲
Vacunas					▲
Documentación sanitaria					▲
Seguro de viaje					○
Permiso de conducir (nacional)					●
Documentación del seguro del coche (para coche propio)					●
Documentación del vehículo (si es propio)					●

CUÁNDO IR

Zürich

Temporada alta

Temporada baja

ENE	FEB	MAR	ABR	MAY	JUN	JUL	AGO	SEP	OCT	NOV	DIC
Temporada alta	Temporada alta	Temporada alta	Temporada baja	Temporada baja	Temporada alta	Temporada alta	Temporada alta	Temporada alta	Temporada baja	Temporada baja	Temporada alta
2°C	4°C	8°C	12°C	18°C	21°C	22°C	22°C	18°C	13°C	6°C	2°C
Nubes y claros	Soleado	Soleado	Nublado	Nubes y claros	Nubes y claros	Nubes y claros	Nubes y claros	Nubes y claros	Nublado	Nubes y claros	Soleado

Nublado · Soleado · Nubes y claros

INFORMACIÓN TURÍSTICA

Información turística en los números gratuitos:

Tel: 00 800 100 20030
Fax: 00 800 100 20031

Website: www.misuiza.com

Suiza Turismo
c/o SERGAT ESPAÑA S.L
Pau Casals 4
28021 Barcelona
☎ 934 145 874
info.es@switzerland.com
res.es@switzerland.com

POLICÍA 117

BOMBEROS 118

BOMBEROS 144

INFORMACIÓN AVALANCHAS 187

DURANTE SU ESTANCIA

LLEGADA

Suiza tiene tres aeropuertos internacionales: Basilea, Ginebra y Zürich; varios aeropuertos nacionales y una gran oferta de vuelos internos.

Aeropuerto de Zürich
kilómetros al centro

12 km

Duración del trayecto

10 minutos

20 minutos

15 minutos

Aeropuerto de Ginebra
kilómetros al centro

5 km

Duración del trayecto

6 minutos

20 minutos

15 minutos

MONEDA

La moneda suiza es el Franco Suizo (CHF), que se emite en billetes de 1.000, 200, 100, 50, 20 y 10 y monedas de 5, 2, 1 y ½ francos. Cada franco tiene 100 céntimos y hay monedas de 20, 10 y 5 céntimos. Los cheques de viaje en otra divisa se aceptan en casi todas las tiendas, hoteles y restaurantes, pero el tipo de cambio suele ser más caro que en los bancos. Lo mejor son los cheques de viaje en francos suizos. En todas las ciudades hay bancos que aceptan cheques de viaje y eurocheques y que dan motálico a cargo de tarjetas de crédito.

HORA OFICIAL

Igual que España, en invierno Suiza tiene una hora de adelanto respecto al Meridiano de Greenwich (HMG + 1) y de Marzo a Octubre, dos horas de adelanto (HMG + 2).

ADUANA

PERMITIDO

Ciudadanos de países europeos
Alcohol: hasta 15% vol – 2 litros; más de 15% vol – 1 litro
Tabaco: 200 cigarrillos Y 50 cigarros puros Ó 250g de tabaco de pipa
Perfume: Sin límites

Ciudadanos de países no europeos
Alcohol: hasta 15% – vol 2 litros; más de 15% vol – 1 litro
Tabaco : 400 cigarrillos Y 100 cigarros puros Ó 250g de tabaco de pipa
Perfume: Sin límites

Menores de 17 años: tabaco y alcohol no permitidos

NO PERMITIDO

Drogas, ningún tipo de armas, ni material obsceno.

EMBAJADA Y CONSULADOS

BERNA	GINEBRA	ZÜRICH
Kalcheggweg, 24	7 Rue Pestalozzi	Stampfembach 85
44 04 12/13	734 46 04	363 06 44

DURANTE LA ESTANCIA

OFICINAS DE TURISMO

Basilea
- Aeschenvorstadt 36
  CH-4002 Basel
  ☎ (061) 268 6868
  Fax: (061) 268 6870
  www.baseltourismus.ch

Berna
- Im Bahnhof
  CH-3001 Bern
  ☎ (031) 328 1212
  Fax: (031) 312 1233
  www.berntourismus.ch

Ginebra
- rue du Mont-Blanc 3
  CH-1211 Genève
  ☎ (022) 909 7000
  Fax: (022) 909 7075
  www.geneva-tourism.ch

Zürich
- Im Hauptbahnhof
  CH-8023 Zürich
  ☎ (01) 215 4000
  Fax: (01) 215 4044
  www. zurichtourism.ch

Otras direcciones de interés:

Turismo de Suiza
www.myswitzerland.com

Información sobre Suiza
www.about.ch

Bernese Oberland
www.berneroberland.com

Valais
www.matterhornstate.com

Esquí
www.skiing.com

DÍAS FESTIVOS

E	F	M	A	M	J	J	A	S	O	N	D
1		(2)	(2)	2			1				2

1 Ene	Año Nuevo
Mar/Abr	Viernes Santo y Lunes de Pascua
Mayo	Día de la Ascensión Lunes de Pentecostés
1 Ago	Día Nacional de Suiza
25 Dic	Navidad
26 Dic	Día del Aguinaldo

Hay otros festivos que se celebran en algunos cantones, que suelen ser el 2 Ene, 1 Mayo, Corpus Christi (finales de Mayo/principios Junio) y Día de Acción de gracias (Sep).

HORARIO COMERCIAL

○ Tiendas	● Atracciones/museos
● Oficinas	● Correos
● Bancos	● Farmacias

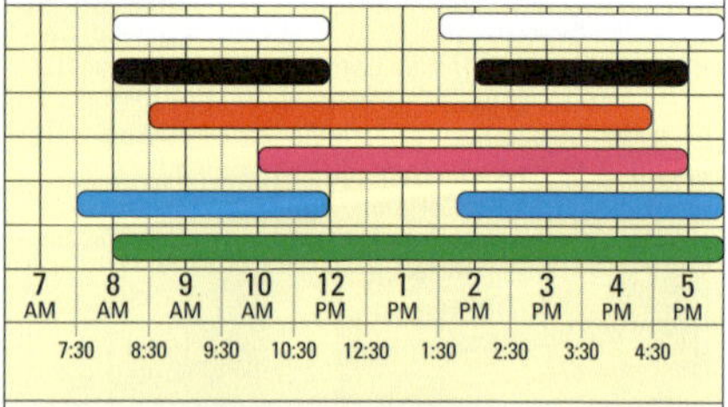

Los horarios de este cuadro son los que hay de Lunes a Viernes. Los sábados las tiendas y las farmacias cierran a las 16 y Correos, a las 11. Las grandes superficies, supermercados y tiendas en zonas turísticas abren más tiempo, sobre todo en verano (y en los centros turísticos de invierno).
Los museos suelen abrir hasta las 21h un día a la semana y cerrar otro día, generalmente el Lunes.

ASEOS

GRATIS

TRANSPORTE PÚBLICO

Vuelos Nacionales. Suiza cuenta con ua buena red de vuelos nacionales. Más información en Swiss International Airlines (www.swiss.com). En temporada alta de verano y de invierno es necesario reservar con antelación. Información en los aeropuertos: Basilea (061) 325 2511; Berna (031) 960 2111; Ginebra (022) 717 7111; Zürich (043) 816 2211

Trenes. Suiza tiene uno de los mejores sistemas ferroviarios de Europa. Los visitantes también tienen opción a distintos descuentos. El Swiss Pass es válido entre cuatro días y un mes y permite una reducción del 25 por ciento en desplazamientos de tren, barco y bus . El Swiss Flexi Pass permite elegir tres días de descuento en período de 15 días. El Swiss Card hace una reducción del 50 por ciento en billete de ida y vuelta desde el aeropuerto hasta el destino, además de rebajar el precio del tren, bus o barco. Es válido durante un mes. También existen distintos pases regionales y familiares.

Buses. El servicio de autobuses suizo es excelente. Para los excursionistas resultan especialmente interesantes los Postbus, que llegan puntualmente hasta remotos pueblos alpinos. Son amarillos y se distinguen por tener un cuerno sobre un disco negro. Sus cláxones interpretan las notas de la *Obertura de GuillermoTell,* de Rossini.

Barcos En los lagos grandes hay barcos de vapor. Existe un Boat Pass para acceder a descuentos del 50 por ciento durante una o dos semanas.

ALQUILER COCHES

Todas las grandes compañías de alquiler tienen oficinas en los aeropuertos, estaciones y en las ciudades grandes. Los coches alquilados suelen tener incluido el impuesto (*vignette*).

TAXIS

Hay paradas de taxis en los aeropuertos, estaciones de autobuses y de trenes y en las ciudades grandes.

CONDUCIR EN SUIZA

Límite de velocidad en autopistas: **120 km/h**
Si viaja en su propio coche necesita adquirir el *vignette* (impuesto de vehículos), si no quiere que e multen. Cuesta 40 Fr y las hay en correos, en las fronteras, las gasolineras o la Oficina Nacional de Turismo Suizo, en cada país.

Límite de velocidad en carreteras principales: **80 km/h;** en las secundarias: **50 km/h.**

Límite en zona urbana: **50 km/h**

Los cinturones son obligatorios para todos los pasajeros de más de 7 años; los niños de menos de 12 tiene que viajar atrás.

Alcoholemia: controles al azar. Límite: 80μg de alcohol en 100 ml de aire.

Las gasolineras siguen el horario comercial, pero cerrando más tarde.De noche cierran todas. La mayoría acepta tarjetas de crédito.

Es obligatorio llevar y utilizar el triángulo rojo en caso de avería o accidente. Si se le estropea el coche llame al Touring Club de Suiza (TCS) (022) 417 2727 o al Automobile Club Suizo (ACS) (031) 328 3111. Si el coche es alquilado, siga las instrucciones del contrato.

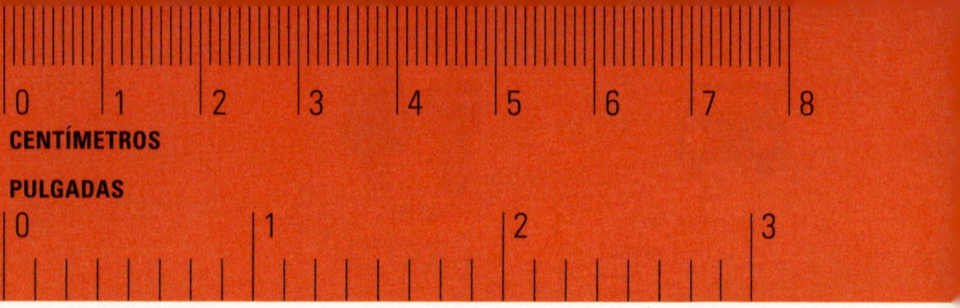

PRECAUCIONES

Suiza es un país bastante seguro, en el que los pequeños delitos suelen cometerlos los turistas; para intentar evitarlos procure:

- No llevar encima más dinero del necesario.
- No dejar cosas de valor fuera de la vista.
- Estar atento a los carteristas en puntos turísticos y en las aglomeraciones.
- No pasear solo de noche por callejones oscuros, en las grandes ciudades.

En Suiza existe policía federal y policía cantonal. Si necesita una comisaria pregunte por *die Polizei* (en las zonas germano parlantes), *la Police* (en las francesas) o *la Polizia* (en las italianas).

Policía :
☎ **117**
desde cualquier cabina

TELÉFONOS

Las cabinas funcionan con tarjetas de crédito (PTT phonecards) o con monedas, desde 5 céntimos hasta 2 francos, pero el coste mínimo de la llamada local es de 60 céntimos, la nacional 1 franco y la internacional 5 francos. Hay tarjetas de distintas cantidades y se compran en Correos y en algunas tiendas. Las llamadas desde los hoteles suelen ser más caras.

El horario de tarifa reducida es de 18.00 a 08.00 de lunes a viernes, y todo el día sábados y domingos.

El código de Suiza es el 41.

Código Internacional
de Suiza a :

España:	**00 34**

CORREOS

Las oficinas de Correos *(Postamt* en alemán, *la Poste* en Francés, *la Posta* en Italiano) abren de lunes a viernes de 8:30 a 18:30; Sábados de 8:30 a11. Las oficinas pequeñas cierran al mediodía.

Si se envía correspondencia a apartados de correos deben figurar claramente 'Poste restante' y asegúrese de poner el código de la ciudad; para recogerla hay que presentar el carné de identidad o pasaporte del destinatario.

ELECTRICIDAD

La corriente eléctrica es de 220 voltios.

Los enchufes son de dos patillas, similares a los utilizados en la mayoría de países europeos.

PROPINAS

Sí ✓ No ✕

Restaurantes (suele estar incluida)	✓	10%
Cafés/bares	✓	Cambio
Guías turísticos	✓	3 Fr.
Taxis (suele estar incluida)	✓	10%
Porteros	✓	2 Fr.
Doncellas	✓	2 Fr.
Acomodadores	✓	Cambio
Peluqueros	✓	Cambio
Guardarropas	✓	Cambio
Aseos	✕	

FOTOGRAFÍA

Qué fotografiar: Los cascos antiguos de las ciudades, los pueblos de los Alpes y los maravillosos paisajes de las montañas.
Cuando fotografiar: A cualquier hora del día. Los paisajes de montaña quedan muy bien al amanecer o al atardecer.
Dónde comprar material. Tanto los carretes como las pilas se venden en las tiendas especializadas y en las turísticas.

SANIDAD

Seguro

Como en Suiza no hay un sistema público sanitario, es muy conveniente viajar con un seguro médico.

Asistencia Dental

Al no tener un sistema público sanitario, es muy conveniente viajar con un seguro con cobertura dental.

Protección solar

En el sur de Suiza y sobre todo en verano, suele hacer calor, por lo que es necesario tomar precauciones. El sol también es muy fuerte en los lugares de práctica de deportes de invierno; no olvidar las cremas de protección solar.

Medicinas

En las fronteras sólo se pueden pasar los medicamentos para uso personal. Las medicinas con y sin receta, se compran en las farmacias.

Agua potable

El agua del grifo es totalmente potable, aunque debido al proceso de esterilización mucha gente bebe agua mineral, que se compra en cualquier sitio.

DESCUENTOS

No existen los descuentos especiales para estudiantes o personas de la tercera edad. Los bonos de transporte valen para todo el mundo.

TALLAS

EE.UU.	Reino Unido	Europa	
36	36	46	Trajes
38	38	48	
40	40	50	
42	42	52	
44	44	54	
46	46	56	
8	7	41	Calzado
8.5	7.5	42	
9.5	8.5	43	
10.5	9.5	44	
11.5	10.5	45	
12	11	46	
14.5	14.5	37	Camisas
15	15	38	
15.5	15.5	39/40	
16	16	41	
16.5	16.5	42	
17	17	43	
6	8	34	Vestidos
8	10	36	
10	12	38	
12	14	40	
14	16	42	
16	18	44	
6	4.5	38	Calzado
6.5	5	38	
7	5.5	39	
7.5	6	39	
8	6.5	40	
8.5	7	41	

Suiza según el autor

LOS CANTONES

Suiza es un federación de 23 estados o cantones (más exactamente 20 cantones y 6 medio cantones), cada uno con constitución y legislación propia. En 1815 se establecieron 22 cantones; el cantón número 23, el Jura, se formó en 1978. El ciudadano suizo es en primer lugar miembro de una 'communité' (comuna). La Confederanción Helvética está formada por más de 3.000 comunas activas; tanto la comuna como el cantón tienen autogobierno.

Es curioso que un país completamente interior y tan pequeño pueda reunir tantas diferencias. En apenas 160 km se pasa de las onduladas colinas del Jura al Mittelland, las tierras bajas de idílicos paisajes salpicados con ciudades de corazón antiguo y apariencia moderna, o a los Alpes, con los picos más altos de Europa. Si añadimos un puñado de lagos y varios ríos grandes nos encontramos con una de las panorámicas más bonitas que existen. Si nos desplazamos unos pocos kilómetros más, llegaremos a pueblos en los que se hablan cuatro idiomas.

Existen muchas y buenas razones para visitar Suiza. Su situación en el centro de Europa le ha legado una herencia fascinante de cultura, historia y tradiciones europeas. Aparte de su bello paisaje, el visitante encontrá excelentes museos, buena mesa, elegantes centros turísticos, balnearios, modernas instalaciones deportivas y una excelente red ferroviaria. Es un país tan compacto que ciudades y pueblos se encuentran a corta distancia de paisajes naturales de belleza incomparable. Donde el tren y el coche no puede llegar, el teleférico o el barco le llevará y la red de 60.000 km de senderos y 3.300 km de rutas para bicicleta permiten disfrutar de la naturaleza.

El lago Léman es el de mayor superficie de la europa alpina y en Suiza nace el Rin, el río más largo de Europa. Los Alpes suizos, que cubren el sesenta por ciento del

Bahnhofstrasse de Zürich.

país, cuentan con más picos de más de 4.000 metros que ningún otro país, entre los que se encuentran dos de los montes más famosos de Europa, el Eiger y el Matterhorn.

La belleza natural del paisaje se deja ver por doquier. Desde las imponentes cumbres nevadas del Jungfrau a los inmensos glaciares de los valles alpinos o las laderas pletóricas del color de las flores silvestres, siempre hay un lugar especial. Sin embargo, la belleza no se limita solamente a las tierras altas de los Alpes o del Jura, los valles formados entre las cadenas montañosas, con sus lagos de aguas tranquilas y verdes pastos, ofrecen también un apacible contraste. Los suizos sienten una gran preocupación por el medio ambiente, no sólo en las montañas y en el campo, sino también en las ciudades y pueblos, cuyas calles se mantienen limpias y bien conservadas.

Tómese su tiempo para disfrutar del país, la prisa no es recomendable: camine por la montaña, pasee por las viejas callejuelas de un pueblo o descanse a orillas de un lago y disfrute de la gran variedad y belleza del paisaje, que hace de Suiza un lugar realmente especial.

El ala delta es el medio más emocionante de admirar el paisaje.

EL PODER PARA EL PUEBLO

Donde mejor se aprecia la soberanía de los ciudadanos es en la Asamblea Federal, con sede en Berna (► 36), cuando se estudia una ley.

Si se recogen 50.000 firmas contra dicha ley, se celebra un referéndum nacional. Los suizos dicen con orgullo que este sistema les da derecho a decir NO cuando Berna dice SI.

Descenso en rappel.

Breve historia de Suiza

200 a C
Los helvéticos, tribu celta procedente del Rin se asentaron en lo que hoy es Suiza. Luego los expulsaron los alamanes.

Siglo I dC
Suiza se convierte en la provincia romana de Helvecia.

Siglo V
Tras la caída del imperio romano los burgundios invaden el oeste de Suiza y los alamanes recuperan el este.

530
Los francos conquistan Suiza que más tarde pasará a formar parte del Sacro Imperio Romano Germánico de Carlomagno.

Siglos XI-XIII
Tras la caída del imperio germánico, las familias nobles se dividen el país; una de ellas será la familia Habsburgo.

1191
Fundación de Berna.

1264
El Conde Rodolofo III de Habsburgo va poco a poco haciéndose con el control de la mayor parte de Suiza.

1291
A la muerte de Rodolfo su hijo hereda todas las posesiones, pero los iniciales tres cantones "forestales", Schwyz, Unterwalden y Uri, firman un pacto para hacer frente a los Habsburgo. El documento que recoge este pacto se llama Confederación de Helvecia. A esta época de lucha por la independencia corresponde la historia de Guillermo Tell

1315
Tiene lugar la batalla de Morgarten, en la que la Confederación derrota al ejército de Leopoldo de Austria.

1386
Ya pertenecen a la Confederación ocho cantones y ésta derrota a los Habsburgo en la batalla de Sempach.

Siglo XV
Se amplía la Confederación y se firman tratados con Austria y Francia para luchar contra los italianos. Se consolidan las fronteras.

Siglo XVI
La Reforma arrasa Suiza. En el año 1536 Jean Calvin huye de París y se instala en Ginebra, ciudad que se convierte en el centro del Calvinismo.

Jean Calvin, el reformador protestante del siglo XVI.

1618-1648
Suiza se queda al margen de la Guerra de los Treinta Años, neutralidad que se confirma en la Conferencia de Münster, en 1648. Aunque el país se ve involucrado en los conflictos napoleónicos, ya se ha sellado la neutralidad suiza.

1798
Francia ocupa Suiza y deroga la Confederación.

1803
Napoleón reconstituye la Confederación, pero Ginebra y Valais son dominio francés. Napoleón construye una carretera sobre el Paso de Simplon.

1815
El Congreso de Viena reconoce Suiza con sus 22 cantones y cede la parte suiza del Jura francés a los suizos. Se reafirma la neutralidad suiza; posteriormente confirmada en París.

1846-1848
Las divisiones religiosas desembocaron en una guerra civil, la guerra de Sonderbund. Al terminar la guerra se adoptó una nueva constitución que creó un estado federal con 22 cantones soberanos y la inclusión de un gobierno central.

1864
La Convención de Ginebra codifica las "reglas" de la guerra y se funda la Cruz Roja, iniciativa de Jean Henri Dunant.

1914-1919
Suiza permanece neutral en la I Guerra Mundial. Después, se funda en Ginebra la Liga de las Naciones

1939-1945
El país sigue neutral durante la II Guerra Mundial. La neutralidad hace que sea la sede ideal para las organizaciones internacionales.

1978
Jura se convierte en el cantón número 23.

1992
Suiza decide no adherirse a la Comunidad Económica Europea, pero sí es miembro del FMI y del Banco Mundial.

1995
Se crea la Organización Internacional de Comercio, con sede en Ginebra.

2000
Suiza se convierte en miembro de pleno derecho de la ONU.

Sede de la Organización Internacional de Comercio.

Naturaleza y paisaje

En cualquier época del año, los Alpes ofrecen una extraordinaria variedad y riqueza de especies vegetales, pero es en primavera y en verano cuando la montaña se llena de color. En los valles, las flores alpinas más tempranas se esconden tras plantas más voluminosas, pero reaparecen progresivamente en cotas más elevadas cuando se derrite la nieve. Al final del verano sólo se pueden ver las especies más resistentes que tienden a agruparse en los límites de las nieves perpétuas. Las laderas y los terrenos pedregosos son el hábitat más alto con vida vegetal antes de llegar al dominio de las nieves y los hielos perpetuos. Para las plantas con flores esas cumbres son los lugares más inhóspitos de la tierra, no es raro que tengan que pasar cuando menos seis meses al año cubiertas por una gruesa capa de nieve.

Las nieves no se derriten hasta abril o mayo. Por ello, flores como la anémona invernal buscan su camino a través de la nieve. Poco después les siguen el resistente azafrán alpino y diversas especies de gencianas, que adornan las laderas con sus flores de color azul. La floración repentina y el tono oscuro de las flores son características distintivas de la flora alpina y se deben al alto contenido de rayos ultravioleta de la luz a altitudes elevadas.

Si la región alpina constituye el escenario más impresionante para admirar la flora, no cabe duda que los prados de las tierras bajas ofrecen la mayor variedad de especies que se benefician de un hábitat más benigno. Los prados son una explosión de color durante los meses de verano, cuando sobre el fondo de los picos montañosos cubiertos de nieve se ven las praderas salpicadas de ganado. Margaritas, centauras y campánulas crecen profusamente,

AVISTAMIENTO DE FAUNA

El mejor lugar para observar la vida natural son los parques y las reservas naturales. Entre ellos, el gran Parque Nacional Suizo, en los Grisons, está considerado como un monumento excepcional a la belleza y poder de la naturaleza.

Vistosas flores alpinas.

Íbices en Monte Pilatos, en la Suiza central.

Las lilas florecen en la región glaciar de Sustenpass, enmarcada por altos picos nevados.

en tanto que en las hondonadas húmedas grupos de grasillas, hierba centella y gallaritos se unen a la variedad de plantas. También florecen algunas orquídeas mezcladas entre las especies comunes. Entre junio y agosto los prados se adornan con la aparición de dos especies particularmente elegantes, la orquídea de cabeza redonda y la orquídea olorosa, la cual despide un característico olor a vainilla. No sorprende que, ante semejante banquete, el aire vibre con el revolotear de insectos en busca de néctar, mientras los saltamontes y grillos se escabullen entre la vegetación. Hay una gran variedad de mariposas.

La fauna de los Alpes suizos es similar a la de otros países centroeuropeos. Las marmotas alpinas son grandes roedores de grueso pelaje que viven en madrigueras entre montículos de hierba o al lado de los caminos. Los vencejos alpinos suelen sobrevolar las floraciones rocosas, mientras los cielos son el dominio del águila real, del halcón peregrino y del buitre grifón. La chova piquigualda, pariente del cuervo, tiene una presencia mucho más importante a gran altitud. Aprende rápidamente y se ha hecho con el "monopolio" de los restaurantes de montaña.

Entre los grandes mamíferos que habitan estos parajes abunda la gamuza, mientras que el íbice se ve rara vez. En zonas bajas proliferan el corzo y el ciervo y en invierno, los esquiadores avistan frecuentemente armiños cruzando las pistas y turones y zorros merodeando entre los árboles.

EDELWEISS EN PELIGRO

La planta más famosa de los Alpes es, sin duda, el edelweiss, víctima de coleccionistas que hacen caso omiso de su estado de especie en peligro. Esta característica flor se ve cada vez menos en la región alpina y está siendo suplantada por sauces enanos, margaritas, saxífragas, cariofiláceas y arenarias, cuya bonita flor parece brotar de la roca.

La gente

Los suizos, tienen fama de ser gente reservada, incluso fría; esto es un malentendido. Son un pueblo muy eficaz –los autobuses y los trenes siempre llegan puntuales– y los visitantes pueden malinterpretar este tipo de vida tan ordenado. Los suizos cuidan mucho su entorno: no sólo el campo sino también sus pueblos y ciudades, siempre impolutos. Pero detrás de esta fachada de orden y organización hay una sociedad afable y hospitalaria. También están muy pendientes de la salud y consideran siempre en primer lugar el bienestar de la gente ante cualquier posible cambio: por ejemplo, en el centro de las ciudades no circulan los coches. El visitante también disfruta de todos estos aspectos, ya sea en las pistas de esquí, a las que se accede mecánicamente, o dando paseos, que siempre están bien señalizados, o en los peatonalizados centros de las ciudades, o en los bien regentados hoteles. Olvídese de los prejuicios; Suiza es un bello país y los suizos pondrán todo de su parte para que usted disfrute.

Aunque Suiza recibe más visitantes per cápita que cualquier otro país de Europa, pocos de ellos abandonan el país con conocimiento de la cultura y de la gente que acaban de visitar. Incluso los residentes extranjeros demuestran poco interés por el sistema de gobierno del país de acogida, de la ideología política o del 'carácter nacional' –si se puede hablar en estos términos. La mayor parte de los 6,9 millones de habitantes se concentra en el Mittelland (mayoritariamente germano-hablante), la gran meseta

LAS LENGUAS

Sería erróneo suponer que la mayoría de los suizos poseen un conocimiento razonable de todas las lenguas oficiales del país. En unos pocos kilómetros se puede pasar de una comunidad exclusivamente germano-parlante a otra en la que sólo se habla francés. Otro tópico es que todos los suizos hablan inglés, aunque el personal de servicios tiene cierto conocimiento de esta lengua.

Jardín Chino de Zurich.

Izquierda: *procesión nocturna en el valle de Engelberg.*
Recuadro: *trajes tradicionales de Zermatt.*
Abajo: *desfile en Zurich.*

central al norte de los Alpes que se extiende entre la frontera francesa y la austriaca. Más de la mitad de la población trabaja en el sector de servicios, como bancos y turismo. Otras actividades económicas importantes son la industria química y farmacéutica, la producción de instrumental y la relojería, mientras que sólo un porcentaje pequeño de la población se dedica a la agricultura.

Un dato que apunta hacia la heterogeneidad de la población es el carácter multilingüe del país. Para el 74 por ciento de los suizos la lengua materna es el alemán, el 20 por ciento habla francés, el 4 por ciento italiano y el 2 por ciento romanche. Aunque estos cuatro idiomas son oficiales, se tiende a utilizar el "Schwyzerdutsch" (suizo-alemán) como lengua oficial del gobierno.

Tanto en las ciudades como en las aldeas más remotas, la actitud de los suizos ante la vida ha sido moldeada por necesidades económicas y políticas, que les han hecho ser gente pragmática e instintivamente prudente. También han tenido que desarrollar mucho ingenio para aprovechar los pocos recursos naturales del país. Su forma de vida demuestra inteligencia, laboriosidad, disciplina, ahorro, amor teutónico por el orden (mezclado con cierto carácter latino), independencia de pensamiento y respeto por la calidad y la maestría en el oficio que hacen que sus productos sean valorados en todo el mundo.

PIONEROS DEL TURISMO

El turismo en Suiza cuenta con una larga tradición. A mediados del siglo XIX comezaron a llegar ya ingleses pudientes de visita al país. Con la expansión del ferrocarril, pueblos antes aislados se convirtieron pronto en animados centros turísticos. El esquí, el montañismo y los balnearios eran las actividades preferidas, por lo que los suizos desarrollaron los recursos necesarios para atender dicha demanda.

Gastronomía

VINOS Y LICORES

En Suiza existen ocho zonas vinícolas y tantas bodegas como laderas soleadas. Las principales zonas son: Ginebra (tintos y blancos), Neuchätel (blancos), el sur del Valais (blanco Fendant y tinto Dôle), el Ticino (tinto Merlot) y Graubünden (tinto Veltliner). Los brandies de frutas son una popular especialidad suiza.

En Suiza no faltan los buenos restaurantes que cuentan con una gran selección de especialidades. En realidad no existe una cocina específicamente suiza, sino que hay platos regionales, que son nutritivos y saludables, diferentes en cada uno de los 23 cantones y que el visitante podrá degustar. Entre las especialidades se encuentran los callos de Neuchâtel; el *Berner Platte*, un guiso bernés que consiste en carne y salchichas hervidas y servidas con alubias; el *Rösti*, que son patatas ralladas fritas; salchichas de St. Gallen *(Bratwurst); papet* del cantón de Vaud (puerros con patatas); *risotto* del Ticino; *Mehlsuppe* (sopa de harina morena) y tartaletas de cebolla; *schnitzeltes Kalbfleisch* (ternera en tiras, de Zurich); *Bündnerfleisch* (sopa de cebada y carnes curadas al aire) de los Grisones; y, por supuesto, hay que tener en cuenta la gran cantidad de quesos: Gruyère *(Greyerze* en alemán y *Groviera* en italiano), Emmental *(Emmentaler Appenzeller)*, Jura, el *Tommes* franco-suizo y los quesos con hierbas del este de Suiza, además de los famosos platos a base de queso, como la *fondue*, la *raclette* y las tartaletas. Estos platos proceden de distintas regiones de Suiza, sin embargo algunos de ellos se reconocen inmediatamente como 'suizos'. Cuando se habla de una *fondue, rösti*, merengue, *zabaglione, muesli*, del Emmental y Gruyère o de los chocolates Nestlé, Lindt o Tobler todos pensamos en Suiza. Los suizos tienen también buenas nociones de cocina y algunos de sus grandes cocineros han demostrado su saber hacer en las cocinas internacionales.

Los quesos suizos son ideales para fondue.

No hay que pasar por alto los numerosos platos que tienen como base diferentes tipos de pescados, las incontables variedades de pan, el vino tinto y blanco especialmente elegidos para acompañar cada plato, la variedad de licores, como Kirsch, Williamine, *marc* y *grappa* y, finalmente, las sidras y las aguas minerales. En Suiza se cultivan viñedos desde la época de los romanos y, a pesar de los altibajos de la historia, hoy día se encuentran excelentes blancos y tintos. También merece la pena destacar los pasteles y la confitería: *cuchaules* y *taillaules* (panes para el domingo), pasteles de mantequilla y *bricelets* (de la parte francófona de Suiza), el *Kirsch gâteau* de Zug (► 59), las tortitas de Unterwalden, el pan de pera de Suiza central, la tarta de zanahoria de Aargau, los *Leckerli* o galletas de miel de Basilea (► 30-31), los fabulosos merengues de Berna y la exquisita tarta de nuez de los Grisones.

El menú se llama 'karte' en la zona germano-parlante y 'carte' en la parte francófona de Suiza. Si pide el 'menu' probablemente el camarero volverá con el plato del día, pues eso es lo que significa. Todas las *karten* tienen un menú, que por lo general suele ser la especialidad del chef, a un precio módico; también puede estar anunciado como *Tagesplatte*, *Tagesteller* o *plat du jour*, dependiendo del idioma, alemán o francés.

Los adictos al chocolate se sentirán en el paraíso cuando visiten Suiza.

CHOCOLATE SUIZO

Los suizos son famosos por su chocolate. Además de las marcas conocidas como Tobler, Nestlé y Lindt & Sprüngli, están los productos de los maestros chocolateros, como Moreau, en la región de Neuchätel y Teuscher, establecido en la ciudad de Zurich.

Costumbres y folclore

FIESTAS HISTÓRICAS

A pesar de la neutralidad de Suiza en las últimas guerras, las fiestas históricas conmemoran las grandes batallas de la Confederación.

Al igual que los habitantes de las montañas de otras partes del mundo, los descendientes de los primeros pobladores alpinos son fuertes, estoicos, ingeniosos y supersticiosos. Muchos de los rituales que se conservan tienen sus raíces en el temor a las imponentes montañas que les rodean y a su naturaleza impredecible. Otros rituales estaban destinados a expulsar a los malos espíritus de los valles, asegurar la fertilidad de la tierra, apaciguar a los elementos meteorológicos y a dar gracias por una abundante cosecha. Estos ritos ancestrales de las tierras alpinas se caracterizan por el uso de una sorprendente variedad de máscaras grotescas y extravagante indumentaria, especialmente en las fiestas de la cosecha. Sin embargo, en las fechas más significativas del calendario cristiano es cuando las ciudades y pueblos alpinos se engalanan. La Navidad y el Año Nuevo son fiestas tranquilas para pasar en familia, pero la Cuaresma, Semana Santa y Corpus Christi se celebran con vistosas procesiones y fiestas de carnaval en toda la región alpina. A final de año tiene lugar en la ciudad monástica de Einsiedeln (► 51) la fiesta religiosa más espectacular, con procesiones a la luz de las antorchas en honor al Día de la Dedicación Milagrosa.

Las carreras de caballos sobre nieve de St. Moritz se celebran en febrero.

El calendario de verano está marcado por fiestas campestres en las que se adorna a las vacas con cintas de colores y coronas de flores, acompañadas por el alegre tintineo de los cencerros y de vaqueros ataviados con trajes tradicionales. Durante todo el verano tienen lugar distintos festivales de música y arte, como el famoso Festival de Montreux (► 65). La llegada del otoño es el momento de las fiestas de la vendimia que se celebran en las regiones vinícolas y es también cuando se celebran algunos de los mercados más famosos de Suiza, como el Mercado de la Cebolla de Berna (► 36-37).

FIESTAS POPULARES

Durante la larga temporada turística de Suiza es fácil tener la oportunidad de asistir a alguna de las fiestas alpinas y al hacerlo uno se encuentra con una de las paradojas de los suizos. El visitante extranjero se pregunta sorprendido cómo un pueblo habitualmente reservado y discreto se entrega con tanto desenfreno a la celebración de las fiestas callejeras.

Fiestas y celebraciones

Enero
Fiestas de Año Nuevo en la mayoría de las ciudades y pueblos. Carreras de caballos en nieve en St. Moritz y Arosa. Festival Vogel Gryff en Basilea. Carreras internacionales de esquí del Lauberhorn en Wengen.

Febrero/marzo
El famoso carnaval de Basilea, que comienza el lunes siguiente al Miércoles de Ceniza. Festival Fritschi en Lucerna, a partir del jueves anterior al Miércoles de Ceniza. Procesión de arlequines en Schwyz; Mardi Gras en el Ticino. Campeonato de patinaje de velocidad en Davos.

Marzo/abril
Maratón de esquí de fondo de Engadine. Derby de Parsenn de esquí en Davos. Ceremonias del Lavatorio de los Pies, el Jueves Santo. Procesiones religiosas en ciudades del sur el Viernes Santo.

Abril
Festa delle Camelie, en Locarno. Festival Sechseläuten en Zurich, con cabalgatas y hogueras. Bendición de caballos, asnos y mulas en Tourtemagne, el 23 de abril. Apertura del Festival de Música Primavera Concertística en Lugano.

Mayo
Festival del Feuillu, primer domingo de mayo en Catigny, Ginebra. Procesión de los "Granaderos de Dios" en Kippel, Valais. Festival musical de primavera en Neuchâtel. Apertura del Festival de música y ballet en Lausanne. Festival Rose d'Or de televisión en Montreux.

Junio
Semana de las rosas en Ginebra. Festival internacional de junio en Zurich. Festival de arte en Berna. Globos en los Alpes de Mürren.

Julio
Festival de las rosas en Weggis. Tiro de ballesta en Emmental. Slalom gigante en el glaciar de Diablerets y carreras de esquí en Jungfraujoch. Festival internacional de Jazz en Montreux. Festival de Música Folklórica en Nyon.

Agosto
Celebraciones del Día Nacional de Suiza en todos los lugares, con espectáculos de fuegos artificiales (1 de agosto). Festival de Ginebra con fuegos artificiales y desfiles. Festival de música en Lucerna y Festival de cine en Locarno. Festivales folklóricos en Interlaken. Festival Yehudi Menuhin en Gstaad.

Septiembre
Concurso de tiro en Zurich. Procesiones religiosas en Einsiedeln. Festivales de música en Montreux (también a finales de agosto y principios de octubre).

Octubre
Feria de jardinería en Ginebra y feria agrícola en St. Gallen. Festival de ópera italiana en Lausanne. Fiesta de la vendimia en todas las zonas vitivinícolas.

Noviembre
Mercados al aire libre en toda Suiza, entre ellos el Zibelemärit (mercado de la cebolla) de Berna, es uno de los más sugestivos.

Diciembre
Famoso torneo de hockey sobre hielo en Davos. *Escalade,* procesiones a la luz de las antorchas en Ginebra (11-12 dic.). Fiesta de San Nicolás (6 dic).

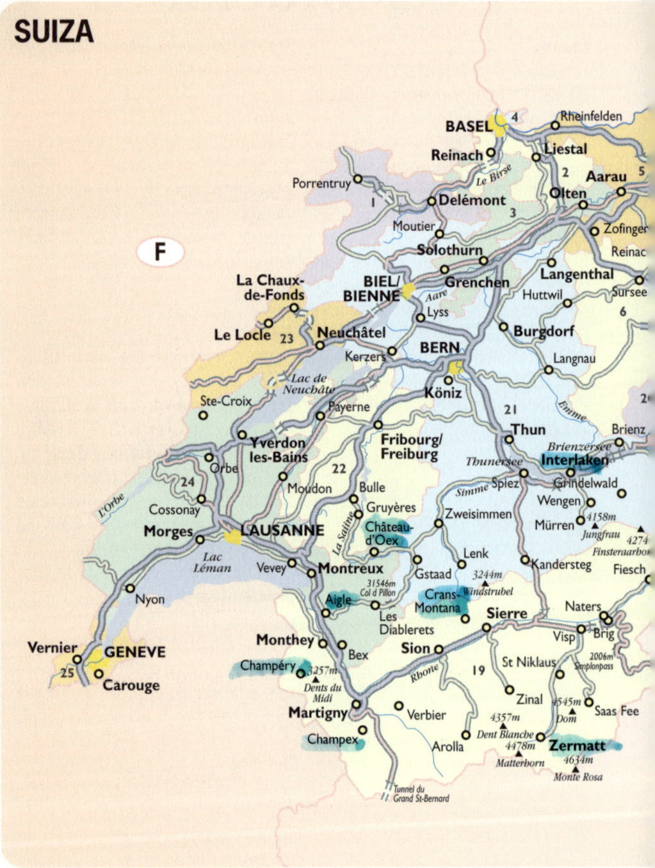

1 Jura
2 Basel-Landschaft
3 Solothurn
4 Basel-Stadt
5 Aargau
6 Luzern
7 Zürich
8 Zug
9 Nidwalden
10 Schwyz
11 Glarus
12 St Gallen
13 Thurgau

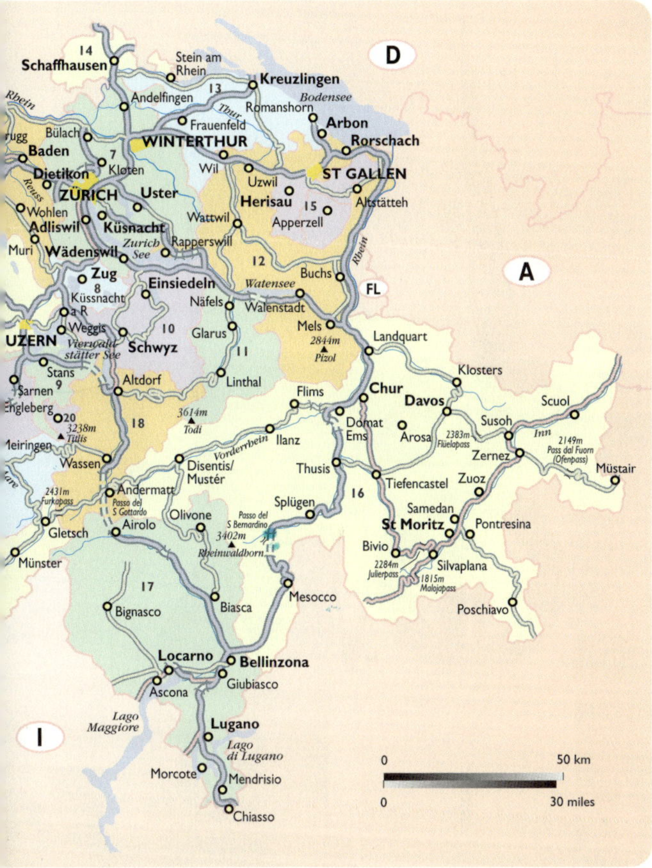

14 Schaffhausen
15 Appenzell Auserrhoden/ Appenzell Innerrhoden
16 Grisons/Graubünden
17 Ticino
18 Uri
19 Valais
20 Obwalden
21 Bern
22 Fribourg
23 Neuchâtel
24 Vaud
25 Genève

El norte de Suiza

Zurich es la ciudad más grande de Suiza y centro de la región germano-parlante, la cual abarca gran parte del norte del país. El noreste limita con el Bodensee, que se halla rodeado de atractivos pueblos y aldeas, mientras que el acceso al noroeste, de gran importancia estratégica, lo constituye la fascinante ciudad de Basilea (Basel), famosa por sus carnavales y la abundancia de monumentos y museos.

Iglesia de San Pedro en Zurich.

Bahnhofstrasse
50 056 222 5318

Historisches Museum
Landvogteischloss
056 222 7574
M-V 1-5, S-D 10-5
Económico

BADEN

El balneario de Baden, denominado Aquae Helvetiae en la época romana, merece una visita por su situación en un paraje bellísimo a los pies del Jura. A lo largo de los siglos, sus fuentes de aguas termales sulfurosas, a una temperatura de 48 °C, han atraído a personas con trastornos reumáticos y respiratorios. Las instalaciones están muy bien equipadas y, además, existen excelentes hoteles, agradables parques y un casino. El pueblo de Baden, núcleo de un asentamiento medieval, es realmente interesante. El puente de madera cubierto (Holzbrücke), construido en 1810, atraviesa el río Limmat y conduce a la antigua residencia del gobernador, hoy **Historisches Museum** (Museo Histórico), que reúne una muestra de cerámica, antigüedades, armaduras y monedas procedentes de excavaciones de la región. El balneario tiene una atractiva disposición en la que resaltan sus bellos jardines. Las instalaciones cuentan con pistas de tenis al aire libre y cubiertas, piscinas y estanques para pescar.

Aeschenvorstadt
36 061 268 6868

Kunstmuseum
St Alban-Graben 16
061 206 6262
M-D 10-5
Moderado
(domingo gratis 4-5)
Café

Museum für Gegenwartskunst
St Alban
Rheinweg 60
061 206 6262
M-D 11-5
Moderado
(domingo gratis 4-5)

Zoo de Basilea
Binningherstrasse 40
061 295 3535
Mar-oct: diario 8-6
(6:30 Mayo-ago).
Ene-feb, nov-dic:
8-5.30
Caro
Café

BASILEA (BASEL)

Esta ciudad, puerta de acceso noroccidental de Suiza, concentra muchos y variados lugares de interés. Su universidad, fundada en 1460, es la más antigua de Suiza; sus numerosos museos y galerías de arte conocidos internacionalmente, sus fascinantes edificios antiguos y la variedad de sus monumentos confieren un indudable encanto y majestuosidad a la ciudad. Es también un lugar activo y progresista y un gran centro financiero e industrial, famoso no sólo por sus tiendas y boutiques sino también por sus centros de investigación y sus instalaciones para la celebración de congresos. La Feria Industrial de Suiza atrae a más de un millón de visitantes al año.

Aunque es una ciudad moderna, Basilea conserva su barrio antiguo, uno de los mejores de Europa. La vista de la orilla derecha (Kleinbasel) desde la catedral es particularmente impactante, al igual que la que se aprecia desde el Pfalz (promontorio de la catedral). Además, están los pintorescos barrios góticos del pueblo, con sus magníficas

La colección del Kunstmuseum de Basilea data de 1662.

fuentes, la plaza del mercado frente al imponente edificio del Rathaus (Ayuntamiento) y la Spalentor, la puerta occidental de la ciudad, reconocida como la más hermosa de Suiza.

El Jardín de Daubigny *de Vincent van Gogh forma parte del Kunstmuseum.*

La rica variedad de museos de Basilea alberga algunas de las colecciones más prestigiosas de arte antiguo y moderno. El **Kunstmuseum** (Museo de Bellas Artes) es el orgullo de la ciudad. Data del año 1662 y cuenta con abundantes obras de Witz, Holbein, Grünewald y Manuel, así como grandes colecciones de arte de los siglos XIX y XX. El **Museum für Gegenwartskunst** (Museo de Arte Contemporáneo) está reconocido como el principal museo de arte de las décadas 1960, 1970 y 1980 en Europa. Contiene obras de artistas como Frank Stella, Donald Judd, Bruce Nauman, Richard Long y Jonathan Borofsky.

Entre los monumentos de interés sobresalen la **Münster** (Catedral), fundada en 1019 por el emperador Enrique II; el **Historisches Museum,** con sede en una iglesia franciscana del siglo XIV; la **Predigerkirche** o iglesia Dominica (1269); el **Rathaus** o Ayuntamiento (1504-14) y residencias familiares y gremiales de los siglos XV y XVI. El **Tierpark** (parque zoológico), en donde viven alrededor de 5.500 animales de 600 especies diferentes, está situado en un magnífico parque en medio de la ciudad.

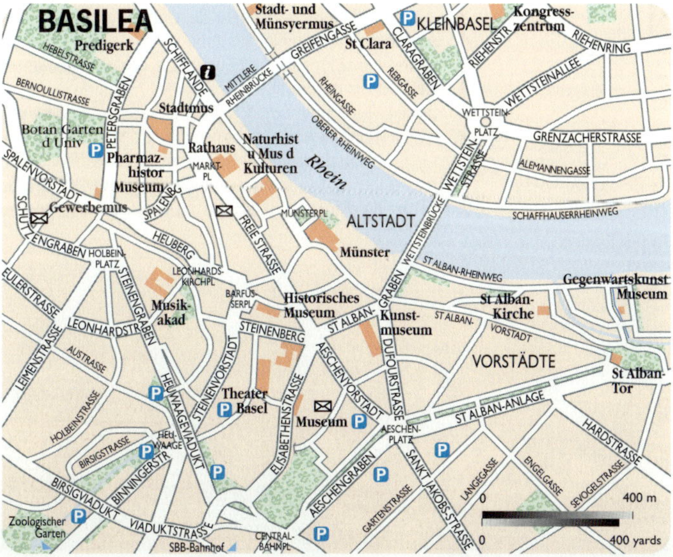

Fronwagplatz 4
052 625 5141

Museum zu Allerheiligen
Klosterstrasse
052 633 0707
M-S 12–5 (J hasta las 8), D 11–5
Gratis

Hauptbahnhof
01 215 4000

Schweizerisches Landesmuseum
Museumstrasse 2
01 218 6511
M-V 10.30-5
Económico
Café

SCHAFFHAUSEN

Es la capital del cantón más septentrional de Suiza y está situada en un magnífico enclave, en la ribera derecha del Rin. Es importante porque conserva algunos de los edificios antiguos más impresionantes del país. Esas edificaciones de los siglos XVI al XVIII están decoradas con estatuas, relieves y frescos y se hallan situadas en el casco antiguo, que es una zona peatonal. En las plazas son de admirar las fuentes y las casas gremiales, algunas de ellas transformadas en estupendos restaurantes. El antiguo corazón del pueblo era el mercado, ubicado en lo que hoy es la Vordergasse. La **iglesia de San Juan** es famosa por su excelente acústica. Los melómanos vienen a deleitarse con los conciertos del Viernes Santo y del Festival de Bach que tiene lugar cada tres años.

El **Museum zu Allerheiligen** (Museo de Todos los Santos) conserva una importante colección de piezas prehistóricas halladas en las excavaciones locales. Para disfrutar de una soberbia panorámica de la ciudad y sus alrededores se puede subir a lo alto de la **Fortaleza Munot** por la rampa espiral del interior del torreón

ZÚRICH

Zúrich, cuya población ronda los 400.000 habitantes, reúne todas las ventajas de una metrópoli internacional, junto con un atractivo emplazamiento, en el extremo norte del lago Zúrich (Zürichsee). Es el centro de mayor importancia en cuanto a comercio, banca e industria –seda, algodón, maquinaria, papel y alimentación–, así como capital cultural de la Suiza germano-parlante.

La mejor manera de disfrutar del encanto del barrio antiguo es recorrerlo a pie. Un buen punto para empezar es el **Lindenhof**, desde donde se puede gozar de una atractiva vista del casco antiguo y visitar las ruinas de un fuerte romano. La silueta de la ciudad moderna está dominada por las impresionantes torres y agujas de tres iglesias antiguas: la **Grossmünster**, fundada por Carlomagno; **St. Peterskirche**, que ostenta el reloj más grande de Europa (8,6 m de diámetro) y la **Fraumünster**, famosa por las

Hermosa panorámica de Zurich con los Alpes al fondo.

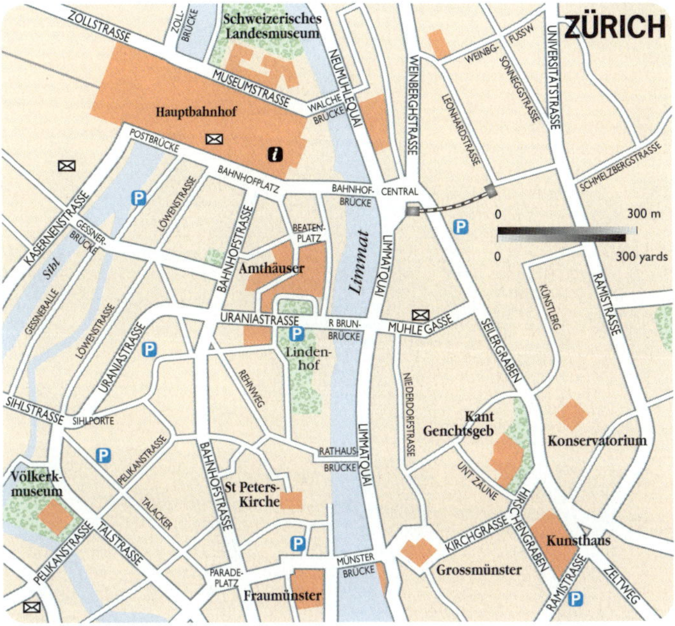

vidrieras de Marc Chagall (terminadas en 1970). La zona con más encanto son, sin duda, las callejuelas y plazoletas que rodean St Peterskirche y Fraumunster; desde aquí el **Munsterbrucke** (puente) cruza a Grossmunster. Un importante hito en el desarrollo de Zúrich como centro financiero, económico y comercial internacional fue la fundación de la **Börse** (Bolsa de Cambio) en 1877.

Existen más de 30 museos en Zúrich, que ofrecen una gran variedad de exposiciones. Destacan las obras de arte del **Schweizerisches Landesmuseum** (Museo Nacional Suizo), que se encuentra situado frente a la estación de ferrocarriles. El **Schauspielhaus** (Teatro Municipal), el **Opernhaus** (Teatro de la Ópera), el **Tonhalle** (Auditorio de Conciertos), teatros pequeños y otras instituciones programan una variada selección de actos culturales. Tiene especial interés el festival anual del mes de junio, cuyos conciertos, ópera, ballet, teatro, exposiciones y conferencias giran en torno a un mismo tema (Más información en el *Zúrich Little Big City what's on?).* Para los noctámbulos, Zúrich cuenta con numerosos clubs, que van desde los más elegantes a los típicamente folclóricos.

La fama de Zúrich reside también en sus numerosas tiendas y galerías de arte. La **Bahnhofstrasse** está considerada como una de las calles comerciales más atractivas del mundo, con la inusual característica de tener por debajo un laberinto de cámaras acorazadas de bancos.

Fuegos artificiales para celebrar la Nochevieja.

El Oberland bernés

Por sus dimensiones constituye el segundo cantón de Suiza. Más de dos tercios de su superficie de 6.050 km^2 está formado por terreno montañoso, atravesado por la espina rocosa del macizo bernés, desde la cadena de Wildhorn, al oeste, hasta Sustenhorn en el límite con la Suiza central. La vertiente meridional de estas grandes montañas forman parte ya del vecino cantón de Valais, pero los impresionantes picos de Jungfrau, Eiger, Mönch y Finsteraarhorn pertenecen al Oberland bernés. Aquí se encuentra también Berna (Berne), una tranquila y discreta capital cuyo encanto reside mayormente en el aire medieval de sus calles.

Giessbachfall, Brienz.

Dorfstrasse 23
033 673 8080

ADELBODEN

Este pintoresco pueblo está situado en un extremo del soleado valle de Engstligental, a los pies del **Wildstrubel,** un pico de 3.243 metros de altitud, en la región occidental de los Alpes berneses. Al este se encuentra protegido por el **Lohner** de 3.049 metros. Se trata de uno de los centros turísticos situados a más altitud (1.356 m) del Oberland bernés que, gracias a sus buenas comunicaciones con la estación de esquí y **balneario de Lenk** (► 43) se ha convertido en uno de los centros más importantes para la práctica de deportes de invierno. Con sus tradicionales casas de madera conserva el aire típico de los pueblos alpinos. Por sus alrededores se pueden dar agradables paseos, atravesando verdes prados donde abunda el rododendro, especialmente en las inmediaciones de la pequeña aldea de **Boden.**

Im Bahnhof,
Bahnhofplatz
031 328 1212

Kunstmuseum
Hodlerstrasse 8-12
031 328 0944
M-D 10-5
(martes hasta las 9)
Moderado
Café-bar

Schweizerisches Alpines Museum
Helvetiaplatz 4
031 351 0434
M-D 10-5, L 2-5
Moderado
Bar

Naturhistorische Museum
Bernastrasse 15
031 350 7111
M-V 9-5, S-D 10-5,
L 2-5
Económico
Café

BERNA (BERNE)

En 1848 Berna tuvo el honor de ser elegida capital de la Confederación por el parlamento suizo. Comparada con otras ciudades europeas no es una ciudad grande, pero sí es típicamente suiza y pintoresca. El secreto de su encanto reside en la ausencia de arquitectura de estilo funcional, tan presente en otras ciudades antiguas. Desde la década de 1950 Berna se ha expandido enormemente y nuevos puentes cruzan el Aare para unir el casco antiguo con los barrios modernos. Su Casco Antiguo (Nydegg) ha conservado su aspecto medieval, convirtiéndose, no obstante, en un importante centro de negocios.

Una de las características más sobresalientes de las calles de Berna son los **soportales** medievales, que forman parte de las fachadas de los edificios y que permiten, cuando hace mal tiempo, atravesar la ciudad de un lado a otro sin mojarse. Todos los ciudadanos cuidan los soportales, puesto que no está permitido reconstruir o reformar las casas si no se respetan los arcos de la planta baja y la armonía que guardan entre sí. Por encima de los tejados de las casas sobresalen las torres de la **Münster** (Catedral de St. Vincent), uno de los mejores edificios religiosos de Suiza, que data del siglo XV. La catedral domina la curva que traza el Aare a su paso por las murallas de la ciudad. La **Zeitglockenturm** (Torre del Reloj) es uno de los atractivos más populares de Berna. Data originalmente del siglo XII, pero en 1405 fue destruida y más tarde vuelta a construir en piedra. En 1530 se construyó el **reloj astronómico** o calen-

dario, que muestra la posición del sol, la luna, las estrellas y los planetas, así como el mes y día de la semana. Más abajo de la catedral está la **Junkerngasse,** donde se alinean las casas de la antigua aristocracia. Paralelas a ésta, discurren la **Rathausgasse** –con el bonito edificio del **Ayuntamiento,** de 1406– y la **Postgasse,** que se ensanchan hasta formar amplias plazas, y la Kramgasse y la Gerechtigkeitsgasse, con sus magníficas fuentes del siglo XVI. En Holderstrasse se encuentra el **Kunstmuseum** (Museo de Bellas Artes), una de las mejores pinacotecas de Suiza; entre sus fondos destaca una buena colección de obras de Paul Klee.

A la ciudad nueva se accede cruzando por cualquiera de los cuatro puentes que atraviesan el Aare. Entre los lugares especialmente interesantes está el **Bundeshaus** (Palacio Federal), un edificio estilo renacimiento florentino del siglo XIX, del que sobresale la cúpula. El **Schweizerisches Alpines Museum** ofrece una muestra interesante de la historia natural y la cultura de los Alpes suizos y la historia del montañismo. Muy cercan están el Museo de las Comunicaciones, el Museo de Berna y el **Naturhistorische Museum**, el museo de historia natural más importante de Suiza.

Izquierda: *típicos soportales del casco antiguo de Berna.*

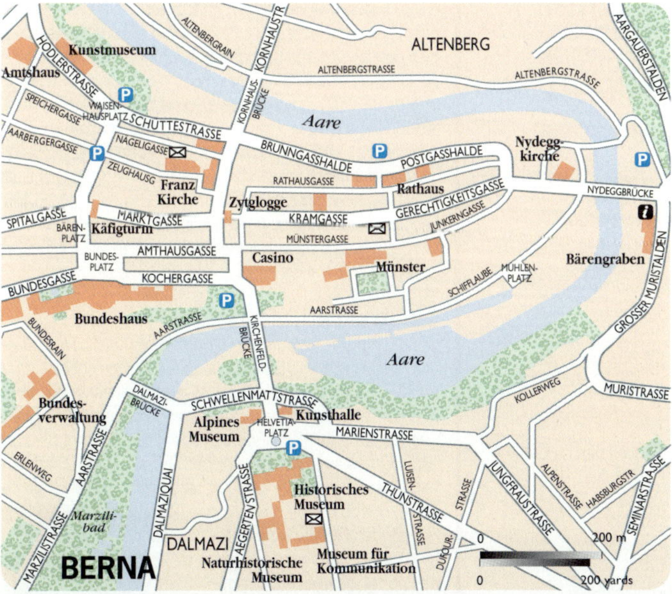

Tradicionales casas de madera.

Hauptstrasse 143
033 952 8080

Museo al Aire Libre de Ballenberg
033 951 2030
Diario 10-5 mediados de abril-octubre
Caro
Restaurantes

Sportzentrum
033 854 1212

BRIENZ

Situada entre el extremo más alto del **lago Brienz** (Brienzer see) y la falda sur del Brienzer Rothorn, Brienz se localiza a 15 km al este de Interlaken, en pleno corazón de Suiza. Por su ubicación, a 568 m sobre el nivel del mar, goza de un clima templado. Esta población es muy conocida por su artesanía local elaborada con madera tallada. El centro del pueblo está muy bien conservado y paseando por la Brunngasse hacia la iglesia antigua se ven numerosas casas de madera. La orilla del lago es también muy agradable. En el lago se practica la natación, esquí acuático, vela, surf y pesca y también es divertido dar una vuelta en uno de sus vapores de ruedas. Otra posibilidad es explorar los senderos que suben hacia las montañas o que llevan a otros pueblecitos a la orilla del lago. El **Museo de Ballenberg**, al noreste del pueblo, cuenta con una antigua granja y otras edificaciones tradicionales, animales y demostraciones de trabajos de artesanía.

GRINDELWALD

Grindelwald o "pueblo de los glaciares" está situado en una meseta amplia y soleada, a unos 1.050 m sobre el nivel del mar. Éste es el lugar de esquí más importante del Oberland Bernés y puerta de acceso a toda la región del Jungfrau, que ofrece una amplia variedad de posibilidades para los esquiadores medios y avanzados. En invierno, el estacionamiento cercano a la estación se utiliza como pista de patinaje, donde también se realizan esculturas de hielo.

Al salir de la estación de tren y caminar por la calle principal se pueden ver las típicas casas de estilo alpino enmarcadas por el Wetterhorn.

Las montañas de Grindelwald

Tome el funicular desde Grindelwald hasta la cima del First. El recorrido del funicular se realiza en tres tramos y pasa por el espléndido glaciar Oberer, entre el Wetterhorn y el Schreckhorn. Desde aquí siga el sendero hacia Bachsee. Después de una pendiente, el sendero se suaviza y se bifurca hacia la derecha, a lo largo de la ribera norte de un pequeño lago, para llegar después de una hora a Bachsee.

Recorrido
17,5 km
Ruta sombreada en el plano 4,5 km

Duración
Aprox. 3 horas

Bordee la orilla norte del lago hacia la izquierda, siguiendo las indicaciones a Waldspitz. El camino desciende gradualmente unos 40 minutos, pasando por algunas granjas desde donde parten varios caminos: todos llevan al restaurante de Waldspitz. Desde aquí siga el sendero principal que desciende atravesando un bosque; después de 15 minutos el sendero tuerce en ángulo recto a la izquierda. Continúe bajando entre los árboles hasta llegar a un claro y atravesar un prado, justo debajo del funicular de First, cerca de la parada de Bort.

Los caminantes que se encuentren cansados pueden tomar aquí el funicular. El camino desciende durante una hora más atravesando agradables praderas alpinas con magníficas vistas del glaciar, hacia Milibach. Después de 10 minutos se llega a un cruce desde donde parte una pista asfaltada hacia la izquierda. Continúe recto para retomar más tarde la pista en Milibach. Poco después la pista se une a una estrecha carretera; desde aquí quedan unos 15 minutos para llegar a la estación base del funicular.

Grindelwald es un lugar ideal para visitar en verano; hay una gran oferta de excursiones guiadas y alquiler de bicicletas de montaña. Los aficionados al tenis cuentan con muchas pistas al aire libre y con las canchas del centro deportivo que se transforman en pista de patinaje sobre hielo entre julio y abril. Este centro dispone también de piscina cubierta, sauna, solarium, gimnasio y parque infantil.

Un paseo por Interlaken

Recorrido
5,5 km

Duración
Aprox. 2 horas

Tourisk Museum
✉ Obere Grasse 28
☎ 033 822 9839
🕐 Mayo a med. de oct.: M-D 2-5
Económico

Comience en el casino, el Kursaal, en el extremo norte del espléndido paseo de Höheweg. El laberíntico edificio del Kursaal (1), que data de mediados del siglo XIX, reúne una mezcla curiosa de estilos arquitectónicos. Suba en dirección norte por Strandbadstrasse y cruce el puente hacia el Goldey Promenade. Tuerza a la izquierda a lo largo de la orilla del río, dejando un gran centro de actividades acuáticas a la derecha, y siga por el arbolado Untere Goldey. Al final de este paseo tuerza a la derecha para subir por Beatenburgstrasse y después a la izquierda por Auf dem Graben. Aquí se encuentra una iglesia gótica, Unterseen (2), un imponente edificio remarcable por tener como telón de fondo las montañas nevadas.

Siga bajando por Auf dem Graben y tuerza a la izquierda por Obere Gasse, donde se halla el **Tourisk Museum** (3) que tiene su sede en una hermosa residencia del siglo XVII. En este pequeño museo regional está documentada la historia de la ciudad y de la región del Jungfrau.

Continúe por Untere Gasse y tuerza a la derecha por el puente que cruza a Spielmatte, en una estrecha isla en medio del Aare. Cruce otro puente y recorra la animada Marktgasse hasta Postplatz. Aquí tuerza a la izquierda para retomar el Höheweg. Cruce la calle para caminar a lo largo de los lujosos hoteles. Tuerza a la derecha y entre en Peter Ober Alle, que atraviesa el **Höhematte** (4), un hermoso parque de 14 hectáreas. Al final tome a la izquierda hacia Spielplatz, en el perímetro sur del parque, y continúe hacia el este por

ℹ Höheweg 37
☎ 033 822 2121

INTERLAKEN
Localizada entre las brillantes aguas del **lago Thun** (Thuner See) y el lago **Brienz** (Brienzer See), Interlaken disfruta

Reloj floral y casino en los jardines del Kursaal que cuenta también con un teatro y un café.

una frondosa avenida. Tuerza a la izquierda para salir del parque y cruce Klosterstrasse, donde se halla un antiguo monasterio agustino (5). En la acera derecha quedan restos del priorato del siglo XII formando parte de la iglesia de Santa María. El castillo colindante, una construcción barroca del siglo XVIII, es hoy sede del gobierno cantonal.

Desde Klosterstrasse tome a la derecha y al final a la izquierda para volver al Höhe-Promenade. Cruce Höheweg y suba a la derecha por Strandbadstrasse hasta el Kursaal.

El mercadillo de Interlaken.

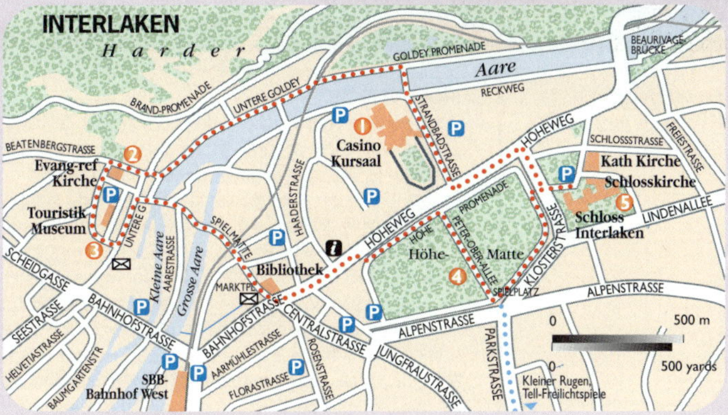

del magnífico escenario de las riberas del río Aare. Interlaken, a una altitud de 568 m, es uno de los centros vacacionales más antiguos de Suiza, que ofrece una gran variedad de actividades deportivas y excursiones por sus alrededores. Dos paseos que es posible realizar desde aquí son al **Jungfraujoch** y a su estación ferroviaria –la más alta de Europa– o al **Schilthorn**, con su famoso restaurante giratorio en la cima de la montaña.

El paseo principal, el "Höheweg" (más conocido como "Höhe"), está adornado con flores y desemboca en una inmensa vega desde donde se disfruta de la vista del Eiger, Monch y Jungfrau. El nombre de estas montañas procede de una vieja leyenda en la que un astuto monje salva a una doncella de las garras de un ogro. Aunque un poco apartado del centro, en Höheweg se encuentran las tiendas más elegantes, muchos hoteles, restaurantes y salones de té, además del **Kursaal** (Casino).

El pueblo de Kandersteg a los pies del majestuoso Blumlisalp.

JUNGFRAUJOCH

Este enclave situado en una de las vertientes del Jungfrau es un auténtico monumento al ingenio suizo en un paraje donde la belleza y el poder de la montaña tienen su más alta expresión; sólo gracias a un milagro de la ingeniería es posible acceder a él. Aquí se encuentra la **estación de tren** más alta de Europa, excavada en la roca a una altitud de 3.475 metros sobre el nivel del mar y rodeada de nieves perpetuas. Tiene tres restaurantes, un palacio de hielo y un observatorio que forma parte de una base científica alpina; desde la terraza del observatorio, llamado Sphinx, las vistas del glaciar Aletsch (el más largo de Europa), del Mönch y del Jungfrau son indescriptibles.

La visita al **Palacio de Hielo,** situado en medio del glaciar, es también una experiencia inolvidable, pero no hay que olvidar protegerse bien del frío para poder admirar las esculturas de hielo a gusto. Además, se puede dar paseos en trineos tirados por perros durante todo el año (si el tiempo lo permite) y, en verano, apredender esquí en su famosa escuela. Un consejo: es preciso caminar sin prisas para evitar dolores de cabeza producidos por la altitud.

KANDERSTEG

Dorftstrasse
033 675 8080

En uno de los extremos del valle de Kandertal se encuentra este pueblo dedicado al montañismo y a los deportes de invierno, famoso por su impresionante paisaje alpino. Dominando el horizonte hacia el sureste, se alzan los picos Doldenhorn, Fründenhorn, Oeschinenhorn y Blümlisalp, un imponente grupo de montañas separadas por impresionantes glaciares. Hacia el suroeste se elevan el Lohner y el Bundespitz; y detrás de ellos, a unos 8 kilómetros, se encuentra Adelboden.

El pueblo ofrece las actividades usuales de los centros vacacionales. En las cercanías se encuentra un pequeño ibón, el **Oescheninsee,** al se que accede en parte en el telesilla que sale del pueblo. Se trata de un bonito lago de montaña, situado en un anfiteatro rodeado de imponentes montañas y glaciares, donde es muy agradable pasear.

LENK

Rawilstrasse 5
☎ 033 733 3131

Se trata de otra población enclavada en un paraje espléndido, en una cuenca soleada del valle de Simmental. Lenk dispone de balnearios e instalaciones para la práctica de deportes de invierno y es famosa por sus fuentes sulfurosas y su escarpado paisaje glaciar. En el pueblo se mezcla con gracia lo antiguo y lo moderno, las tradicionales casas de madera adornadas con flores suavizan el efecto visual de las nuevas urbanizaciones. Es un lugar excelente para los caminantes, que disponen de más de 200 km de senderos. Uno de sus atractivos es la proximidad a dos hermosas cascadas, Iffigenfälle y Simmenfälle, a 4 kilómetros al sur y sureste del pueblo, respectivamente. **Simmenfälle,** cuyas impetuosas aguas bajan por la cara norte del Wildstrubel (3.243 m), está a tan sólo 5 minutos del aparcamiento; mientras que para llegar a **Iffigen** hay que subir durante 20 minutos por un sendero empinado.

MEIRINGEN

Bahnhofstrasse 22
☎ 033 972 5050

Esta ciudad es el principal centro turístico del escarpado valle de Haslital, al este del lago Brienz. La mayoría de sus edificios fueron destruidos por dos incendios a finales del siglo XIX, pero la **iglesia de St Michael,** reconstruida en 1684, sobrevivió al fuego junto a algunas casas de madera. Se dice que el nombre del merengue procede de aquí, después de que un pastelero preparase uno de estos dulces para Napoleón.

Meiringen es conocida por varias razones. Al sur de la ciudad se hallan las **cascadas de Reichenbach,** inmortalizadas en la literatura como el lugar donde Sherlock Holmes y Moriarty posiblemente encontraron la muerte. Si tiene suerte podrá descubrir salamandras en la roca húmeda. A la derecha de la carretera se encuentra la base del **funicular a Grimselpass.** También hacia el sur se abren las **Aareschlucht** (Gargantas del Aare), impresionantes hoces que las aguas del Aare excavan en la pared caliza y que se pueden admirar desde los miradores distribuidos a lo largo de su curso.

Abajo: *El río Aare a su paso por la garganta del mismo nombre.*

El funicular desciende sobre los tejados de Mürren. En esta zona se contemplan maravillosas vistas de las cimas del Jungfrau, en la fotografía cubiertas por las nubes.

Sportzentrum
033 856 8686

MÜRREN

Localizado en un magnífico emplazamiento sobre una pendiente montañosa frente al Jungfrau y el Eiger, Mürren es desde hace mucho tiempo un lugar idóneo para los aficionados a los deportes de invierno, aunque no ofrece tantas pistas de esquí como otras estaciones. A una altitud de 1.638 metros, es el pueblo más alto y con el paisaje más espectacular de todo el Oberland bernés. La ausencia de tráfico se explica porque no hay ninguna carretera que conduzca a Mürren, sino que se accede a él por funicular desde Lauterbrunnen o por teleférico desde Stechelber. Los esquiadores novatos disponen de pistas en el pueblo y en Allmendhubel, donde también hay arrastres. Se dan clases a niños desde los tres años de edad.

Se trata de una pintoresca aldea que se mantiene intacta, con sus chalets de madera y sus callejuelas angostas y serpenteantes. El **monte Schilthorn** domina el pueblo y en su cima –a 3.084 m– se encuentra un extraordinario restaurante giratorio, escenario de la película *Al servicio de su Majestad* de James Bond.

Dispone de un centro de ocio con varias piscinas, pistas de squash y tenis, gimnasio, sauna, solarium, pista de patinaje sobre hielo y biblioteca, además de una red de senderos para explorar los alrededores.

Por las montañas de Mürren

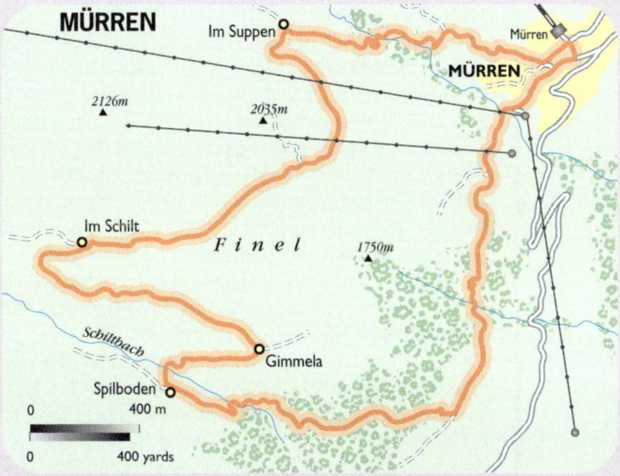

Frente a la vieja estación del funicular de Allmendhubel, en la carretera de la parte alta de Mürren, vaya primero a la izquierda y, tras unos 100 metros, a la derecha por el camino indicado a Im Suppen y Blumental. Después de 10 minutos se llega a un cruce, tome aquí el camino de la izquierda hacia Im Suppen. Este sendero que asciende suavemente entre árboles algo menos de un kilómetro lleva a un pintoresco restaurante. Desde aquí siga el camino hacia Im Schilt, que pasa por debajo del teleférico de Birg y atraviesa amplias praderas con vistas espectaculares del valle Lauterbrunnen y del macizo del Jungfrau.

Cuando llegue a las granjas de Im Schilt continúe hacia la izquierda por el camino que lleva a Gimmela. A la derecha sale el sendero que baja a Spilboden, cruce el puente sobre el Schiltbach y camine a lo largo de la orilla durante unos 300 metros y vuelva a cruzar el río. Siga descendiendo dejando a su izquierda varios graneros y almacenes. En el próximo cruce siga recto, atravesando una densa fronda donde el camino se une a una pista más ancha que baja a la base del teleférico de Birg. Desde aquí queda sólo un paseo de 10 minutos para regresar al centro del pueblo.

Recorrido
7 km
Duración
Unas 2 horas

La impresionante catarata de Staubbach cae 305 metros desde una cornisa a los pies de Mürren.

i Bahnhof
☎ 033 222 2340

THUN

Esta pintoresca villa del **Lago Thun** ha sabido conservar su aspecto medieval a lo largo de los siglos, que, combinado con su idílica ubicación entre la montaña y el lago y otros atractivos, la convierten en seria rival de Interlaken (► 40-41) como base para explorar la región del Oberland bernés. La cima de su monte, el **Schlossberg,** está coronada por una **fortaleza** con cuatro torres construida por Berchtold V de Zähringen después de 1182. En la calle **Obere Hauptgasse,** en pleno centro, se pueden admirar sus extraordinarios paseos pavimentados. La ciudad cuenta además con dos agradables parques. El Jakobshübeli, en la ribera derecha del Aare, es un parque muy frondoso de suaves colinas, con vistas maravillosas que se pueden disfrutar subiendo por las escalinatas de la calle Hofstettenstrasse. Al otro lado del río, cruzando el puente cubierto de Obere Schleuse, se halla el parque de Schadau, creado a mediados del siglo XIX al estilo de los grandes parques del Londres victoriano. Llama la atención su magnífico castillo.

En el lago operan numerosos barcos a vapor entre los pueblos y villas de sus orillas. Entre ellas cabe destacar Interlaken,

El castillo de Oberhofen reflejado en las tranquilas aguas del Lago Thun.

al este; Oberhofen, famosa por su magnífico castillo medieval; Spiez, en la costa sur del lago, por su notable castillo y museo; y Gunten, en la ribera norte, por su parque acuático en las aguas del lago.

WENGEN

Es el lugar perfecto para descansar, no hay nada que rompa la tranquilidad, ni siquiera una carretera desde el valle de Lauterbrunnen. Todos llegan aguí en el tren de montaña que continúa su trayecto hacia Kleine Scheidegg y Jungfraujoch y que también une Wengen con Grindelwald (► 38-39). La verdadera ventaja de este centro tursístico es el acceso directo a la región del Jungfrau, ya sea mediante el tren de montaña que va a Wengercalp o mediante el teleférico que llega a la cima del Männlichen, desde donde parten numerosas rutas de viaje.

🛈 Dorfstrasse
☎ 033 855 1414

Por su belleza y tranquilidad, Wengen es ideal para descansar.

En verano, este lugar tan acogedor ofrece la posibilidad de disfrutar de paseos por el pueblo o caminar por los senderos que atraviesan bosques y praderas cuajadas de flores, desde donde se ve el glaciar del Jungfrau y el Schilthorn, más allá del valle. Se trata de una de las mejores zonas para caminar de toda Suiza. Una agradable excursión consiste en tomar el tren de montaña a Kleine Scheidegg, a los pies del Eiger, para bajar después andando hasta Wengen.

WILDERSWIL

Es el típico pueblo de postal, con sus tradicionales chalets de madera que en verano se adornan con geranios de múltiples colores y rodeado de prados de un verde esplendoroso. El pueblo es una base excelente para realizar caminatas a través de los campos y por las laderas bajas de las montañas. Wilderswill ha sido habitado desde hace más de mil años y su molino siempre fue un popular lugar de encuentro. Hoy día, el **Alte Mühle** (Viejo Molino) alberga un museo donde tienen lugar exposiciones temporales sobre la cultura y artesanía regional. El pintoresco pueblecito de **Bönigen** en el Lago Brienz, con estrechas callejuelas y casas típicas, se encuentra a tan sólo dos horas a pie. Tampoco hay que perderse la excursión en el tren de cremallera que sube desde Wilderswil al famoso **Jardín Alpino** situado en la Schynige Platte.

🛈 Lehngasse
☎ 033 822 8455

Alte Mühle
✉ Wilderswil
☎ 033 251 1169
🕓 Mayo-oct: Jueves 7.30pm-9.30 pm; sábado 5-7; domingo 10-12; (miércoles 7.30 pm-9.30pm, Jul-ago)
✋ Gratis

El centro de Suiza

Esta parte del país ha atraído a los viajeros desde mediados del siglo XIX, cuando Suiza se convierte en uno de los destinos vacacionales preferidos de la aristocracia europea. Mucho antes del desarrollo y popularidad de la práctica de los deportes de invierno, la mayoría de los que venían de visita se dirigían directamente a la antigua ciudad de Lucerna (Luzern), que hoy día continúa siendo el centro turístico más importante de los Alpes suizos. La ciudad y su cantón, y los cantones vecinos de Uri, Schwyz, Unterwalden (dividido en los medio cantones de Obwalden y Nidwalden) y Zug, no sólo constituyen el centro geográfico del país, sino que también representan el núcleo histórico de la moderna Confederación.

Espléndida vista del valle del paso de Klausen, entre Linthal y Altdorf.

Tellspielhaus,
Schützengasse 11
041 872 0450

Tell-Museum
Bürglen
041 870 4155
Mayo-oct: diario 10-11.30, 1.30-5 (9.30-5.30 jul-ago)
Económico

Arriba: *Barcos en los muelles de Brunnen, en el Lago de Lucerna.*

Bahnhofstrasse 32
041 825 0040

ALTDORF

La capital del cantón de Uri, Altdorf, está ubicada en un fértil valle de la ruta del importante Paso de St Gotthard. Es una ciudad con encanto y con cierto sabor a otro tiempo, estrechamente relacionada con la figura de Guillermo Tell ya que se dice que fue aquí donde consumó la proeza de la manzana. En las estrechas callejuelas de Altdorf las casas del siglo XVII y XVIII muestran una marcada influencia italiana que recuerdan la importancia comercial de su localización. Cerca de la ciudad se pueden visitar tres pueblos interesantes. En **Seedorf** se halla un **monasterio benedictino** con capilla barroca y, muy cerca, un castillo del siglo XVI con tejado a dos aguas. El antiguo y pintoresco asentamiento de **Bürglen,** a 3 kilómetros al sureste, se cree que es el lugar de nacimiento de Guillermo Tell. Aquí se encuentra el **Tell-Museum** en una torre medieval. **Bauen,** 10 kilómetros al norte, es una bonita aldea de la ribera oeste del Lago Uri.

BRUNNEN

Localizada en las orillas del **lago de Lucerna** (Vierwaldstätter see) y rodeada de montañas, la población de Brunnen es un centro vacacional dotado de casas tradicionales, bellos cafés y un bonito paseo a orillas del lago. Los vistosos surtidores de agua dispersos por el pueblo llaman la atención y también la preciosa capilla del centro de la aldea. Cuenta también con un centro acuático donde uno puede nadar en las aguas del lago o en la piscina cubierta.

Desde Brunnen salen barcos a vapor hacia distintos lugares históricos, como la capilla de Guillermo Tell y la pradera de Rütli, cuna de la Confederación Helvética. Estos barcos ofrecen así mismo veladas musicales o, sino, por la noche también puede probar fortuna en el casino. Durante todo el verano actúan bandas de música y cada semana se celebra una noche con música típica alpina.

BÜRGENSTOCK

Más que de un pueblo se trata de un gran complejo hotelero de lujo. Bürgenstock es también el nombre que recibe el abrupto precipicio que se alza sobre la orilla meridional del Lago Lucerna. Situado sobre una plataforma de unos 500 metros, el centro turístico fue creado por Franz Joseph Bucher-Durrer a finales del siglo XIX. Hoy día sigue en manos privadas y sus majestuosos hoteles son frecuentados por personajes famosos del todo el mundo.

Además de los atractivos del complejo hotelero, cuenta también con magníficas vistas del lago, del distante Jura y de los dos centinelas de Lucerna, el Rigi y el Pilatus. Hay muchos senderos que recorren bosques y praderas alpinas; destaca el sendero del acantilado –Fersenweg– que se tarda una media hora en subir. A medio camino se encuentra el teleférico más alto y rápido de Europa que asciende por la cara del precipicio hasta **Hammetschwand,** a 1.128 metros de altitud, en menos de un minuto. Desde la cima, la panorámica es magnífica; hay, además, un pequeño restaurante y algunos bares. A Bürgenstock se puede llegar en coche o en el funicular que llega en tan sólo ocho minutos desde Kehrsiten, a orillas del lago.

Burgenstock Hotels & Resort
☎ 041 612 9915

EINSIEDELN

La 'joya' del cantón de Schwyz es un centro vacacional de verano e invierno de especial atractivo por estar ubicado en una zona de belleza excepcional, en las estribaciones de los Alpes, rodeada por escarpadas vertientes, verdes prados y oscuros y aromáticos bosques de pinos. Sin embargo, es famosa principalmente por ser uno de los lugares de peregrinaje más importantes de Europa. El centro de estas peregrinaciones es el gran **monasterio** benedictino que fue reconstruido entre 1704 y 1735. En agosto tiene aquí lugar la fiesta religiosa más importante de Suiza, el día de la Dedicación Milagrosa.

La ciudad de Einsiedeln se extiende a los pies del monasterio en medio de un paisaje de gran belleza y contrastes. Los picos de Nüsellstock, 1.479 metros, y Gschwandstock, 1.616 metros, se alzan al sur con el lago y las tierras de pasto de Sihlsee al este. En muchos de lo campos se pueden ver caballos que son criados por los monjes, una tradición que se remonta al siglo XV.

Hauptstrasse 85
☎ 055 418 4488

Abajo: *figura de la Virgen María en la plaza del monasterio benedictino de Einsiedlen.*

ℹ Klosterstrasse 3
☎ 041 639 7777

Derecha: La *Kapellbrücke (Capilla del Puente) del siglo XIV de Lucerna sobre el río Reuss; la vieja Torre del Agua se alza a su izquierda.*

ENGELBERG

Dominada por un monasterio benedictino del siglo XI, esta bella aldea se localiza al pie de las montañas Titlis, en el corazón de un precioso valle que nace en el lago Lucerna (Vierwaldstätter See). La presencia del glaciar Titlis asegura la nieve todo el año, por lo que, por regla general, es posible esquiar incluso en julio. Cuenta con más de 56 km de pistas en tres zonas distintas, además de diversión garantizada para todos los esquiadores. La pista de Titlis hasta el pueblo mide unos 13 km. Un servicio gratuito de autobús lleva, en tres minutos aproximadamente, de la aldea al teleférico que remonta el Gerschnialp, a 1.250 m de altura, desde donde otros dos teleféricos ascienden paralelamente al Trubsee, a unos 1.800 m. Desde Trubsee asciende un teleférico de dos pisos a casi 3.000 m de altitud. El segundo piso incorpora la última novedad: la primera cabina rotatoria del mundo, que permite disfrutar de imponentes vistas del paisaje glaciar.

En el pueblo hay además muchas otras instalaciones para practicar el patinaje en pista cubierta, además de curling, tenis y piscinas, sin contar los salones de té y visitas guiadas al monasterio. También cuenta con numerosos senderos para explorar los alrededores.

Las montañas Titlis, el punto más elevado de la Suiza central.

LUCERNA (LUZERN)

No tan cosmopolita como Zurich (➤ 32-33), Ginebra (➤ 62-63) o Berna (➤ 36-37), Lucerna es, indudablemente, la ciudad más deliciosa de Suiza; lo suficientemente pequeña como para conocerla paseando a pie sin ninguna dificultad, además de ofrecer una excelente selección de hoteles, restaurantes, tiendas y vistas magníficas dentro de un entorno espléndido. En la falda del puerto de St. Gotthard, Lucerna bordea el lago que lleva su mismo nombre, el cual serpentea hasta adentrarse en el corazón de las cordilleras de Suiza central. Las aguas apacibles del lago contrastan con el paisaje agreste y majestuoso de las montañas, por lo que las excursiones por el lago suelen ser una de las preferencias de los visitantes.

Conocer Lucerna a pie es un placer. Se puede pasear a lo largo del río Reuss, disfrutar del ambiente y contemplar la **Kapellbrücke** (Capilla del Puente), construida en 1333 y recientemente restaurada tras un incendio. La vista del puente iluminado por la noche es una de las más románticas de Suiza. El puente, con su tejadillo a dos aguas y su sólida torre del agua, constituye una de las marcas inconfundibles de la ciudad. Al sur de la capilla se encuentra la estación de tren y al norte un laberinto de viejas calles con bonitas casas medievales. Los martes y sábados se puede disfrutar del bullicio del **mercado** que se instala en los soportales de la ciudad. Cerca de la estación se alza el moderno **Centro de Cultura y Convenciones,** que incluye un gran auditorio, diseñado por el arquitecto francés Jean Nouvel y terminado a tiempo para el nuevo milenio.

El popular **Verkehrshaus der Schweiz** (Museo del Transporte), a orillas del lago, es accesible en coche, autobús o barco. Este museo traza la historia, desarrollo e importancia del transporte y reúne una de las colecciones más completas de Europa. Otros museos interesantes son el **Historisches Museum** y el **Picasso Museum.**

En Lucerna se pueden desarrollar muchas actividades deportivas, desde ir a las playas del lago, practicar el golf o asistir a las carreras de caballos y a las regatas del Rotsee. Las fiestas de Fritschi-Fasnacht (➤ 25) que se celebran con desfiles, música y danza, son cada año más populares.

Bahnhofstrasse 3
041 227 1717

La compañía de navegación del Lago de Lucerna cuenta con amplios y confortables barcos a vapor (salidas cada hora; algunos barcos con restaurante) y ofrece salidas de medio día o día completo que se pueden combinar con excursiones a la cima de las montañas.

Centro de Cultura y Convenciones

Europaplatz 1
041 226 70 70

Verkehrshaus der Schweiz

Lidostrasse 5
041 370 4444
Abril-oct: diario 9-6. nov-marzo: 10-5
Caro

Historisches Museum

Pfistergasse 24
041 228 5424
M-V 10-4, 2-5; S-D 10-5
Económico

Picasso Museum

Furrengasse 21
041 410 3533
Abril-oct: diario 10-6. nov-marzo: 11-1, 2-4
Económico

PILATUS

El monte Pilatus es una de las grandes atracciones de los Alpes suizos. Esta enorme pirámide rocosa de 2.132 metros de altura preside cual fortaleza la ciudad de Lucerna, situada a unos 15 kilómetros al noreste. Separado de la cadena montañosa se alza como un gigante solitario en el corazón del país; sus imponentes precipicios y picos han sido fuente de incontables leyendas. La visita a esta parte del país no queda realmente completa si no se sube a la cima de esta montaña. El ascenso se puede realizar de diferentes maneras: a pie desde **Hergiswil,** una ardua subida de 1.700 metros que dura aproximadamente cinco horas; en el **teleférico** que sale desde **Kriens** y que tarda 40 minutos en llegar a **Fräkmüntegg** y desde aquí en funicular; o haciendo la ruta más popular, es decir, tomando el **tren de cremallera** que sale de **Alpnachstad,** un pequeño pueblo del lago. Hace mucho tiempo algún aristócrata subió a lomos de un burro pero, desafortunadamente, esta forma de transporte ya no está disponible. El tendido de la vía se realizó entre 1886 y 1889 y constituye, sin duda, una auténtica hazaña de la ingeniería. La longitud total de la vía es de 4,5 kilómetros; con una pendiente mínima del 19 por ciento y máxima del 48 por ciento se dice que es la vía férrea con más pendiente del mundo. El trayecto hasta Pilatus-Kulm dura media hora. Desde la estación superior hay una corta distancia hasta los picos Esel y Oberhaupt por senderos y escaleras con mucha pendiente pero bien acondicionados. Las aberturas del túnel de Oberhaupt permiten disfrutar de espléndidas vistas del Lago Lucerna, que se extiende allá abajo entre el paisaje montañoso. Al pico más alto, el **Tomlishorn,** se llega en media hora por un sendero donde el panorama es realmente sobrecogedor. Hacia el norte la vista se extiende sobre las tierras bajas y sus lagos hasta la Selva Negra; al este se ve el Lago Lucerna, Rigi (➤ 55) y detrás la cordillera del Säntis; hacia el sur y el oeste, los picos nevados del Oberland bernés.

RIGI

A 21 kilómetros al este de Lucerna se alza la inmensa pared del Rigi, de 1.797 metros de altitud. Separado del monte Pilatus por el Lago Lucerna, estas dos montañas tienen personalidades totalmente diferentes: el Rigi es más amable y querido por la gente del lugar, mientras que el primero tiene fama de tozudo y despiadado. En el siglo XIX, Rigi se convirtió en destino obligado de todos y cada uno de los viajeros que visitaban el país, atraídos por sus maravillosas puestas de sol y las espléndidas vistas. Sin embargo, muchos de ellos tenían que dar media vuelta por no encontrar un lugar donde dormir. Hoy día se encuentran numerosos centros turísticos dispersos por la montaña, cuya presencia no resta encanto al entorno. El centro más importante es Rigi-Kaltbad, a unos 300 metros de la cima, al que se llega en teleférico desde el pintoresco pueblo de Weggis (► 58-59) a orillas del lago, o en tren desde Vitznau (► 58). Construido en 1871, se trata del tren de su tipo más antiguo de Europa que continúa su trayecto hasta Rigi Kulm, el punto más alto de la montaña, accesible también en el tren de Arth-Goldau, inaugurado cuatro años más tarde; ambos trayectos duran 35 minutos. Desde este punto la vista se extiende por un radio de 150 kilómetros si el cielo está despejado. Hay numerosos senderos para pasear y, en invierno, también se puede esquiar.

Abajo: *el teleférico a Rigi-Kaltbad asciende vertiginosamente sobre Weggis.*
Más abajo: *el tren conecta algunos de los pueblos más altos de Rigi.*

Hofstrasse 2
☎ 041 666 5040

SARNEN

La capital del cantón de Obwalden está situada en el extremo norte del bonito **lago Sarnersee,** en el corazón de las praderas alpinas que se extienden entre Interlaken (► 40-41) y Lucerna (► 53). Sobre una colina al suroeste de la ciudad destaca la **iglesia parroquial de St Peter** con sus dos torres. Fundada en el siglo XI, su aspecto actual se debe a la reconstrucción llevada a cabo en 1742. En el edificio del **Ayuntamiento** se conserva el 'Libro Blanco', el documento más antiguo de la Confederación Helvética.

El **Melchtal,** un fértil valle al sur de Sarnen, lleva a la pequeña población de **Melchsee-Frutt** a orillas del lago Melchsee. En varios puntos del camino los caminantes que hagan la ruta del Engelberg (► 52) pueden tomar el teleférico.

Bahnhofstrasse 4
☎ 041 810 1991

SCHWYZ

La antigua ciudad de Schwyz, capital de cantón, es el origen del nombre de Suiza. La ciudad cuenta con la iglesia barroca más ornamentada del país, además de otros notables edificios del siglo XVI, algunos de ellos propiedad de familias cuya historia data de la época de la fundación de la Confederación. La **Rathausplatz,** con el pavimento empedrado y rodeada de típicas casas alpinas de los siglos XVII y XVIII, es una de las más bonitas del país. Destaca también el espléndido **Bundesbriefarchiv,** en Bahnhofstrasse, donde se conserva un archivo de documentos federales que se remontan al siglo XIII. Reúne también una impresionante colección de estandartes del siglo XIV. El interior y exterior del edificio están decorados con sorprendentes frescos realizados en la década de 1930.

La ciudad está ubicada en un bonito enclave a los pies de los picos gemelos de **Mythen,** de 1.811 y 1.899 metros respectivamente. Al oeste se encuentra el Urmiberg, en las estribaciones del Rigi, y al este se eleva el cono truncado del Fronalpstock.

La antigua ciudad de Schwyz.

Por la región de Schwyz

Recorrido
46 km

Desde la Hauptplatz, en el centro de Schwyz, tuerza a la izquierda en la iglesia de St Martin y siga hacia Rickenbach, a 1,5 kilómetros al sureste. Esta tortuosa carretera asciende a través de frondosos bosques durante unos 10 kilómetros hasta el mirador de Ibergeregg, a 1.406 metros de altitud. La parte más difícil del camino está ya superada. Desde aquí la carretera desciende, con mucha pendiente al principio y después suavemente, hasta la orilla derecha del Minster y la pequeña aldea de Tschalun. Siguiendo de frente se llega al pueblo de Oberiberg, donde se continúa por la carretera principal a Stöcken y Unteriberg.

Bordee Sihlsee, siga por la orilla derecha a lo largo de Euthal e inmediatamente después cruce el puente. Tuerza a la derecha y continúe por la orilla izquierda a lo largo de Gross. Gire a la izquierda hacia el centro de Einsiedeln (► 51). Pase el monasterio y siguiendo hacia la derecha por la calle principal tome la primera vía hacia la izquierda, en dirección a Alpthal. La carretera cruza el río Alp justo antes de Trachslau y después sube por la orilla izquierda hasta Alpthal. Al final del pueblo, a la derecha, sale un empinado camino hacia el Paso de Haggenegg. En este tramo del recorrido (3 km) quizá tenga que desmontar, pero desde Haggenegg la pista desciende 6 km hasta Schwyz. Si no quiere subir a Haggenegg, vuelva a Schwyz desde Einsiedeln vía Biberbrugg, Rothenturm y Sattel.

VITZNAU

Esta encantadora población está situada a orillas del Lago Lucerna, a los pies del Monte Rigi. Desde aquí sale con destino a Rigi Kulm el tren de cremallera más antiguo de Europa. La estación de Vitznau está en un lugar idílico, muy cerca de las orillas de lago y a unos minutos a pie del muelle desde donde zarpan los barcos a vapor que recorren el lago. En el pueblo se disfruta de un ambiente tranquilo, con agradables cafés y *stüblis* y un bonito paseo. El viajero puede, además, unirse a una de las visitas guiadas que organiza la oficina de turismo.

En Vitznau destaca también el **Festung Vitznau** (fuerte de artillería) construido en la pared del Rigi durante la 2ª Guerra Mundial como parte de la defensa Gotthard. Durante muchos años el fuerte permaneció operativo pero en 1998 fue desmantelado y hoy está abierto al público. Se puede realizar una visita guiada para ver los polvorines, túneles y cuarteles o, incluso, pasar la noche durmiendo en sacos de dormir del ejército y desayunando como cualquier soldado suizo (más información en la oficina de turismo de Vitznau).

Seestrasse
041 398 0035

Festung Vitznau
0041 398 0035
Mayo-oct: Viernes 5 (visitas guiadas). Los grupos de 10 o más pueden reservar durante todo el año
Caro

WEGGIS

Este pequeño centro turístico con paseos adornados de flores, instalaciones acuáticas y clima suave y soleado se encuentra a 40 minutos en barco de Lucerna (► 53).

Seestrasse 5
041 390 1155

Vista parcial del Lago de Lucerna con una bonita fuente al frente.

Weggis es un lugar ideal para un paréntesis de descanso, además de contar con una piscina climatizada y excelentes instalaciones para practicar tenis al aire libre, pesca, vela y windsurf. En la temporada alta se celebra un concierto cada mañana en el templete de la banda junto al lago o en algún hotel. En julio de 1998 se inauguró el puerto deportivo en la pintoresca bahía de Lüzelau.

Existen numerosas rutas para caminar en las colinas que rodean a Weggis y, en verano, hay conciertos y veladas folklóricas. El "Festival de las Rosas" se celebra cada año el último fin de semana de junio con espectáculos musicales, baile y fuegos artificiales.

ZUG

A orillas del lago Zugersee, el segundo lago de la Suiza central, Zug es una antigua ciudad amurallada cuyo centro medieval, bien conservado, se distingue por las ruinas de antiguas fortificaciones y airosos chapiteles que se concentran alrededor de la vieja **Kolinplatz.** A un lado de la plaza se encuentra el **Rathaus** (Ayuntamiento) y la notable **Torre del Reloj** (Zytturm) con el tejado recubierto de azulejos blancos y azules y coronado por un esbelto campanario. Las pintorescas casas de la Ober-Altstadt y Unter-Altstadt, entre Kolinplatz y el lago, datan del siglo XVI. Hacia el este, por Aegeristrasse, se encuentra la **Torre de los Capuchinos** de 1526, junto a la capilla del convento del siglo XVI. Otra torre medieval de interés es la **Pulverturm** (Torre de la Pólvora) en un extremo del casco antiguo, en Zugerbergstrasse.

Alpenstrasse 14
041 711 0078

La construcción más sobresaliente de la ciudad es la **iglesia de St Oswald,** de estilo gótico tardío, al sur de Kolinplatz. Construida entre 1478 y 1515, está dedicada a San Oswaldo, un santo inglés cuyos restos se dicen que fueron trasladados a Zug en los tiempos de su fundación. La sillería del coro data de 1484. Sobre una colina hacia el este del pueblo se puede ver la **iglesia de St Michael** erigida en 1902.

Desde los muelles de Seestrasse y Alpenquai se disfruta de una espléndida panorámica de las montañas, incluidas Rigi (► 55) y Pilatus (► 54) y los picos del Oberland bernés. La ciudad tiene también su propia montaña, el **Zugerberg,** de 1.039 metros, un macizo cubierto de bosques al que se puede subir en coche por Schonfels para disfrutar de magníficas vistas.

Lac Léman

El Lago Léman, también llamado Lago Ginebra, comparte sus riberas entre Francia y Suiza, a la que corresponde unos dos tercios de su superficie de la que gran parte se encuentra en la soleada orilla norte del cantón de Vaud. La franja de costa que se extiende entre Lausanne y Montreux, que se ha dado en llamar la Riviera Suiza, no compite en atractivos con el resto de la región del lago Léman en la que se combinan magistralmente las laderas de viñedos, pueblos y villas con encanto y hermosos paisajes que se extienden hasta los alpes franceses de Saboya. Gracias a su situación geográfica, protegida por los Alpes que se destacan hacia el este y el Jura que la limita por el oeste en dirección a Francia, la región del lago Léman ha ofrecido siempre excelentes oportunidades para disfrute del turismo.

Ouchy en la ribera norte del lago Léman, muy cerca de Lausanne.

Rue du Mont-Blanc 18 022 909 7000

Musée d'Art et d'Histoire
2 rue Charles-Galland
022 418 4600
M-D 10-5
Gratis
Café

Musée de l'Horlogerie
15 route de Malagnou
022 418 6470
X-L 10-5
Gratis

Musée International de la Croix-Rouge et du Croissant-Rouge
Avenue de la Paix 17
022 748 9511
X-D 10-5
Moderado
Café

La catedral de Saint-Pierre preside la ciudad.

GINEBRA (GENÈVE)

Enmarcada por los Alpes y las montañas del Jura, Ginebra está ubicada a orillas del mayor lago alpino, el lago Léman. Los paseos a orillas del lago, los parques llenos de flores y las estatuas son aspectos típicos de la ciudad. Por las aguas del lago circulan taxis acuáticos *(mouttes)* y vapores de recreo y en ellas se proyecta hacia el cielo el gran Jet d'Eau, símbolo de Ginebra.

Centro importante de la vida cultural europea, es también lugar significativo para reuniones internacionales, convenciones y exposiciones y una destacada ciudad de carácter financiero, comercial e industrial que cada año atrae a más turistas que cualquier otra ciudad de Suiza.

La parte baja, que se extiende entre la ribera sur del Ródano y el barrio antiguo, es la principal zona de negocios y de comercios. Allí se encuentran la **rue du Rhône** y la **rue de la Corraterie** llenas de elegantes tiendas. En la Place Neuve se localizan dos edificios característicos de Ginebra: el **Grand Théâtre** y el **Conservatoire de Musique.**

En el casco viejo hay galerías de arte, anticuarios, librerías y bistrots. Dominado por la **catedral de St-Pierre,** el verdadero centro es la **Place du Bourg-de-Four,** que data de la época romana y se considera la plaza más antigua. Las excavaciones arqueológicas bajo la catedral han sacado a la luz un yacimiento del año 1000 donde se han encontrado muchas piezas de la vida y arte paleocristiano. La catedral fue erigida en el siglo XII por el obispo de Faucigny. Construida en una mezcla de estilos románico y gótico, fue terminada en menos de sesenta años. A la derecha de la entrada principal está la **Chapelle des Macchabées,** construida en estilo gótico flamígero en el siglo XV. A lo largo de los siglos, la catedral fue arrasada por el fuego y reconstruida en distintas ocasiones.

El **Hôtel de Ville** (Ayuntamiento), en la Grand-rue, también forma parte del barrio antiguo. La fachada de este

austero edificio se empezó en 1617 y se concluyó a finales del siglo XVII. A principios del siglo XIX se le agregó la tercera planta. Del elegante patio interior sale una rampa que lleva a cada una de las plantas. En este lugar se fundó la Cruz Roja Internacional en 1864. En la explanada llamada La Treille, se encuentra la **Tour Baudet** erigida en la segunda mitad del del siglo XV. En el lado opuesto de la calle se halla el viejo arsenal, construido en el siglo XVII para ser usado como granero.

Entre los jardines de la ciudad destacan el **Jardin Anglais,** en la ribera izquierda, famoso por su reloj de flores, y el **Parc de la Grange,** con una preciosa rosaleda, donde cada año se celebran exposiciones de rosas nuevas.

En Ginebra hay 30 museos. El **Musée d'Art et d'Histoire** reúne piezas de arte egipcio, griego y romano y una colección de monedas y muebles suizos. El **Musée de l'Horlogerie** (Museo de la Relojería) tiene una curiosa colección de relojes de pulsera y decorativos y cajas de música de los siglos XVI a XX. El **Musée International de la Croix-Rouge et du Croissant-Rouge** (Museo de la Cruz Roja y de la Media Luna Roja) ilustra la historia de este movimiento desde su fundación.

Museo Internacional de la Cruz Roja con la escultura Les Petrifies, *de Carl Butcher.*

Avenue de Rhodanie 2 021 613 7373

Musée des Beaux Arts

Palais de Rumine, Place de la Riponne 6

021 316 3445

M-X 11-6, J 11-8, V-S 11-5

Económico

Musée Olympique

Quai d'Ouchy 1

021 621 6511

Mayo-sep: diario 9-6 (J hasta las 8). Oct-abril: M-D 9-6 (J hasta las 8).

Caro

Restaurante

El puerto de Lausanne se halla en Ouchy, en las cercanías de la ciudad.

LAUSANNE

Laussane, que se extiende por la ribera norte del Lac Léman, posee un encanto particular, pero que exige un relativo esfuerzo para ser disfrutado plenamente, ya que desde Ouchy, en el lago, hasta el punto más alto de la ciudad hay una pronunciada pendiente de unos 235 m. Pero la dificultad queda salvada gracias a un pequeño tren que va desde el centro (place Saint-François) hasta el puerto de Ouchy, donde jóvenes y mayores se dan cita en los cafés o pasean por los muelles.

Los sucesores de los habitantes de la *Lousonna* romana cambiaron gradualmente su asentamiento hacia la parte alta de la ciudad para asegurar una mejor defensa de la población. Es en este barrio donde se construyó el **Palacio Episcopal** y la majestuosa **catedral de Notre-Dame,** consagrada en 1275 y uno de los mejores edificios góticos del país (además de conservar la tradición del sereno, que anuncia las horas entre las 22.00 y las 2.00).

Entre finales del siglo XIV y principios del XV, se erigió el Château Saint-Maire que actualmente es la sede del gobierno cantonal. La ciudad moderna creció alrededor de este núcleo. Hoy día hay puentes que unen los distintos puntos de Laussane. Arriba y abajo de los puentes se encuentran casas que están tan cerca de la montaña que suelen tener entradas en distintos niveles.

El **Palais de Rumine,** construido a principios del siglo XIX, alberga la Universidad de Lausanne y varios museos: el de Bellas Artes, Historia, Historia Natural y Botánica. El **Musée des Beaux Arts** (Museo de Bellas Artes) ofrece especial interés por su colección de arte suizo y por organizar excelentes exposiciones temporales sobre arte contemporáneo. El **Musée Olympique** está dedicado a la historia de los Juegos Olímpicos.

Sede del Tribunal Federal y del Comité Internacional de los Juegos Olímpicos además de lugar de celebración de nu-

merosas ferias y congresos internacionales, Lausanne es una ciudad de renombre internacional. La mayoría de estos eventos tienen lugar en el **Palais de Beaulieu,** donde se encuentra el teatro más grande y moderno de Suiza. Es aquí donde cada año de mayo a julio, durante los últimos 24 años, se reúnen grandes artistas internacionales del mundo de la música y la danza.

MONTREUX

Rue du Théâtre 5
021 962 8484

Desde que en el siglo XVIII Jean-Jacques Rousseau ambientara su novela *La Nouvelle Héloise* en Montreux, la ciudad se ha convertido en uno de los lugares más populares y poblados del lago Léman. Su situación geográfica es extraordinaria, en una gran bahía abierta al sur, mientras que verdes colinas y laderas cubiertas de viñedos la protegen de los vientos del norte y del este. El lago acumula calor y refleja la luz, fenómenos que suavizan las temperaturas. La gran riqueza de árboles y plantas, algunos de ellos subtropicales, que pueblan los muelles entre Clarens y el castillo de Chillon hacen las delicias de los paseantes. Florecen allí higueras, almendros, laureles y eucaliptos, así como cipreses, magnolias y palmeras, por lo que en primavera el pueblo está rebosante de flores y las praderas de las tierras altas cuajadas de narcisos.

Aparte de sus amplias avenidas modernas, la ciudad de Montreux cuenta también con un barrio antiguo, en donde pintorescas callejuelas suben a la parte más alta de la ciudad. Desde las alturas se divisa un bello panorama de Glion, Caux, Les Avants o Sonloup.

Además de lujosos hoteles que pertenecen al pasado, la ciudad cuenta con hoteles modernos, centro de exposiciones y congresos y casino que la han convertido en renombrado punto de encuentro.

El Château de Chillon sobre un saliente rocoso cercano a Montreux.

El magnífico castillo de Chillon, del siglo XIII, es uno de los castillos medievales mejor conservados de Europa. Enclavado en un promontorio rocoso del lago, fue utilizado antiguamente como prisión e inmortalizado por Lord Byron en su poema *El Prisionero de Chillon.*

En primavera se celebra el concurso internacional de televisión Rose d'Or y un Festival de Música Rock; en julio el Festival de Jazz y en septiembre el Festival de Música Clásica. Las fiestas locales y las actividades culturales confirman que en Montreux siempre hay algo de interés.

Montreux y sus alrededores

Recorrido
17,5 km

Desde la iglesia del barrio antiguo de Montreux diríjase hacia el sur a través de Territet, en la carretera del lago, pase el castillo de Chillon y prosiga hacia Villeneuve. A 500 metros del centro, después de pasar por una iglesia en la mano izquierda, tuerza a la izquierda, otra vez a la izquierda y después a la derecha para pasar por encima de la autopista siguiendo las indicaciones a Col de Chaude. Tome la segunda a la izquierda y cruce el río La Tinière; aquí comienza un tramo tortuoso y empinado de unos 3 kilómetros. Tome la primera carretera a la izquierda, hacia Sonchaux y Caux. La ascención continúa hasta llegar a la aldea de Sonchaux donde el camino se nivela para descender después al pueblo de Caux. Éste es el punto medio del recorrido y un buen lugar para descansar.

Continúe bajando hacia Glion, donde los ciclistas que deseen regresar a Montreux pueden tomar la ruta más corta a través del pueblo. Los que quieran completar el tour deben girar a la izquierda en la iglesia del pueblo y seguir las señales a Les Avants. Atraviese este bonito enclave turístico y tuerza a la izquierda en la carretera al Paso de Sonloup, que se encuentra tras una corta ascensión de 1 km y ofrece maravillosas vistas del lago y de los Alpes de Savoya. Justo después de la estación del tren de Les Avants, gire a la izquierda hacia Saumont y continúe bajando hacia Chamby. Cruce la vía del tren y permanezca bajando a su izquierda para llegar a Chernex. En el centro del pueblo gire a la izquierda para volver a Montreux.

NYON

Este popular centro turístico de verano y su castillo medieval están situados a orillas del lago Léman. Los primeros indicios apuntan a un asentamiento celta escogido más tarde por los romanos para levantar la primera ciudad fortificada de la región de Helvetia. La antigua *Noviodunum,* sin embargo, deben gran parte de su historia a la influencia de los berneses. El **castillo** del siglo XVI, que preside la ciudad con sus cinco torres en aguja, constituye su legado más evidente.

El **Musée Romain** conserva algunos restos de la basílica del siglo I descubierta en 1974, así como una extensa colección de hallazgos arqueológicos de la región. La **iglesia de Notre-Dame,** que data del siglo XV, cuenta con algunos frescos interesantes en la pared norte que se cree que son 200 años más antiguos que el edificio. La **Place du Marché** destaca por sus bellos edificios porticados, también de estilo bernés.

Avenue Viollier 7
022 361 6261

Musée Romain
Rue Maupertuis
022 361 7591
Abril-oct: M-D 10-12, 2-6. Nov-mar: M-D 2-6
Económico

El Château de Prangins cerca de Nyon.

VEVEY

Vevey, en el lago Léman, centro de recreo de la Riviera suiza formaba parte de las rutas más importantes de Europa desde los tiempos del Imperio Romano. Fue prosperando en la medida en que lo hacía el comercio de la Edad Media y más adelante se benefició de la llegada de los hugonotes franceses. Los primeros turistas comenzaron a llegar aquí en el siglo XIX.

Vevey cuenta con un largo paseo adornado de flores a orillas del lago, donde además hay instalaciones deportivas y cruceros. Los lunes y sábados son días de mercado y Vevey se transforma en un lugar muy animado. En ocasiones se ofrecen catas de vinos de la región y unas cuatro veces al siglo se celebra la Fête des Vignerons con un gran concurso de vinos en el que participan miles de personas. Este centro de recreo es también una especie de meca para músicos y cineastas; es la sede del concurso de piano Clara Haskil y del Festival de Cine de Comedia y, conjuntamente con su vecina Montreux, celebra el Festival de Música de Montreux-Vevey.

Junto a los vinos y el turismo, el chocolate es otro de los recursos económicos de Vevey. La compañía Nestlé tiene aquí su sede central y es también la responsable de la fundación del **Alimentarium** que ilustra aspectos biológicos, etnográficos e históricos de la alimentación. También es interesante la visita al **Musée Suisse d'Appareils Photographiques** que reúne una completa colección de cámaras fotográficas desde finales del siglo XIX a nuestros días.

Grand Place 29
021 922 2020

Alimèntarium
Quai Perdonnet
021 924 4111
M-D 10-6
Moderado
Café

Musée Suisse d'Appareils Photographiques
4 Grande Place
021 925 2140
Mar-oct: M-D 11-5.30. Nov-feb: M-D 2-5.30
Económico

Ticino

Este rincón 'italiano' de Suiza tiene forma de un triángulo invertido cuya base colinda con la espina dorsal de la cadena alpina. Su territorio representa el siete por ciento del territorio nacional y es el hogar de poco más del cuatro por ciento de la población. Administrativa, política y geográficamente forma parte, sin duda, de la Confederación Helvética, pero incluso los suizos más chauvinistas admiten que en cuanto a su cultura es indiscutiblemente italiano. Este cantón predominantemente montañoso, que se extiende desde el flanco sur del macizo de Saint Gotthard al norte de Lombardía, encierra un bello y variado paisaje.

Hermosa cascada en las abruptas vertientes de Val Bavona, en Foroglio, cerca de la frontera italiana.

ℹ Leventina Turismo, Viale Stazione
☎ 091 869 1533

Airolo es la base perfecta para realizar excursiones por la zona.

AIROLO

Hoy día Airolo es un centro turístico muy visitado, pero en 1877 fue totalmente destruido por un incendio. Poco después de su reconstrucción volvió a sufrir los efectos del derrumbamiento de tierras del Sasso Rosso –en aquel momento una amenaza permanente subsanada hoy con la construcción de muros de contención. Su monumento más antiguo es una iglesia con campanario románico que ha sobrevivido a las castástrofes del último siglo. En la estación de Gotthardbahn hay un monumento en honor a los 277 hombres que perdieron la vida en 1872 y 1882 en la construcción de un túnel. Airolo es un pueblo sencillo que destaca por la belleza de sus alrededores y por ser una buena base para los caminantes; también por su cercanía a los pasos del Nufenen y Saint-Gotthard. A la salida del pueblo un teleférico sube a **Sasso della Boggia** (2.065 metros) desde donde se disfruta de hermosas vistas.

ℹ Casa Serodine, Viale Papio
☎ 091 791 0090

ASCONA

Situada en una pintoresca bahía del lago Maggiore debe su fama al arte y a los artistas que la eligen como lugar de residencia. Las innumerables exposiciones del **Centro Cultural** y del **Museo de Arte Moderno,** las galerías y anticuarios y las conferencias que se celebran continuamente dan testimonio de la activa vida cultural de esta localidad. Entre sus visitantes más ilustres se cuenta a Lenin, Jung, Paul Klee e Isadora Duncan.

Este activo centro cultural ofrece también muchas actividades al aire libre, como windsurf en el lago Maggiore y senderismo por las colinas.

Giovanni Serodine, para algunos el pintor de mayor talento del Ticino, vivió aquí en el siglo XVII. En la **iglesia de Santi Pietro e Paolo** se pueden ver tres pinturas suyas. Bartolomeo Papio, nativo de Ascona, fundó aquí el **Collegio Pontificio Papio** en el siglo XVI. Su espléndido patio renacentista contiene los escudos de armas de los que velaron por la institución durante más de cinco siglos. En **Santa Maria della Misericordia,** la iglesia anexa al colegio, se pueden ver algunos frescos valiosos.

Castello Grande, la fortaleza más antigua de Bellinzona.

Ascona ofrece muchas posibilidades para la práctica del deporte, desde golf a windsurf o patinaje sobre hielo. Hay senderos bonitos y bien conservados para explorar los alrededores, una pista para bicicletas que va desde Ascona a Bellinzona (► abajo), bordeando el lago a cierta distancia y a través de la llanura de Magadino. Desde hace más de cuarenta años se celebra un festival anual de música, en donde se han presentado orquestas, directores y solistas de fama internacional. Otro acontecimiento importante es el Festival de Jazz de Nueva Orleans, que dura diez días, entre junio y julio, cuando las plazas y calles de Ascona se contagian del ambiente musical.

BELLINZONA
La ciudad capital del Ticino es un importante centro industrial y punto de enlace ferroviario, a medio camino entre la llanura lombarda de Italia y los Alpes suizos.

Los encantos de esta ciudad incluyen, entre otros, tres castillos y antiguas murallas. El más grande y antiguo es el **Castello Grande** o **Castillo de Uri,** que cuenta con un impresionante sistema defensivo ya mencionado en documentos del siglo VI. Su enorme patio era utilizado como refugio de todo el pueblo en tiempos de crisis. Una escalinata conduce desde el barrio antiguo a sus murallas que se hallan bien conservadas y aún hoy unen el Castello Grande con el **Castello di Montebello.** Este último se erigió a finales del siglo XIII o principios del XIV y fue destruido y vuelto a construir en distintas ocasiones. Su torre principal y el *palazzetto* albergan un Museo Histórico y Arqueológico. En la parte alta de la ciudad está el **Castello di Sasso Corbaro** construido en 1479. En varias salas de la torre se expone una colección de arte folklórico.

En el barrio antiguo se pueden ver las elegantes fachadas de las casas señoriales, con sus balcones y enrejados de hierro, portales rococó y los típicos letreros de las posadas.

Viale Stazione 18
091 825 2131

Museo Castello di Montebello
Castello di Montebello
091 825 13142
Mar-nov: M-D 10-6
Económico

Castello di Sasso Corbaro
091 825 5906
Mar-nov: M-D 10-6
Económico

Las islas de Brissago son el destino de numerosas excursiones.

Casa Cavalier
Pellanda 4
091 862 3327

BIASCA

Esta pequeña y agradable ciudad, muy similar a su vecina Bellinzona (► 71) por su emplazamiento, se ubica en una pequeña cuenca entre el valle Leventina y Val Blenio. La **iglesia de San Pedro y San Pablo,** rodeada de impresionantes montañas, está situada en un paraje incomparable a los pies de **Pizzo Bagno,** de 2.329 metros de altura. Construida en el siglo XII en estilo románico, tiene un gracioso campanario y notables frescos del siglo XIII. La ciudad es el centro económico de la región dedicada fundamentalmente a la cantería (la piedra de la iglesia procede de ahí). Aunque es una ciudad industrial de construcción moderna, tiene algunos atractivos como los estupendos restaurantes con especialidades del Ticino.

Via R. Leoncavallo 25
091 791 0091

Jardín Botánico
091 791 4361
Abril-oct: diario 9-6
Moderado

BRISSAGO

Este centro turístico del Lago Maggiore, cercano a la frontera de Italia, no llama especialmente la atención; sus edificos funcionales contrastan sin gracia con las antiguas villas lombardas. La ciudad está en el punto más bajo del país; al fondo, las estribaciones de los Alpes ayudan a compensar la falta de imaginación en el uso de tan bello entorno. La ciudad conserva, no obstante, una notable iglesia del siglo XVI, protegida de los excesos de las nuevas construcciones por altos cipreses. Las villas están en la parte alta de la ciudad, orientadas hacia dos pequeñas islas cercanas a la costa. Son un lugar excelente para hacer una excursión, por ello llegan barcos desde Locarno (► 74) y Ascona (► 70-71). Debido a su clima subtropical, en sus jardines botánicos se pueden cultivar más de 1.500 especies exóticas.

El cercano pueblo de **Ronco,** situado sobre el puerto del mismo nombre, conserva una bonita iglesia románica donde está sepultado Erich Maria Remarque, autor de *Todo en calma en el frente occidental.*

GANDRIA

El curioso pueblo de Gandria se encuentra a pocos minutos de la frontera oriental de Italia, en la costa norte del lago Lugano. La entrada al pueblo está muy mal señalizada por lo que es fácil saltársela y acabar dando una incómoda vuelta en el puesto fronterizo de Dogana. Como en muchas de las poblaciones bien conservadas de la región del Ticino, el centro está cerrado al tráfico; hay que dejar el vehículo en un aparcamiento que se encuentra al final de una calle estrecha debajo de la carretera principal. Los conductores podrían pensar que realmente no son bien recibidos en este antiguo nido de contrabandistas. De hecho, al igual que los contrabandistas del siglo XIX, la mayoría de la gente prefiere venir en el barco de Lugano (► 74), a 30 minutos. El simpático **Museo de Aduanas** reúne información sobre las interesantes (y a veces peligrosas) maneras en que la gente intentaba pasar artículos de contrabando por la frontera italo-suiza. Desde los muelles, el pueblo se expande a los pies del monte Brè sobre terrazas irregulares, con pintorescas casas porticadas y cafés. En el centro de las estrechas callejuelas adornadas con flores se encuentra una bonita iglesia barroca, objeto de pinturas y fotografías. Gandria cuenta con los mejores restaurantes de pescado del Lago Lugano.

Vista del pintoresco pueblo de Gandria, que se asienta en terrazas sobre el lago Lugano.

Via B, Luini 3
091 791 0091

Castello Visconti
Piazza Castello
091 756 3180
Abr-oct: M-D 10-5
Moderado

Arriba: *La Piazza Grande de Locarno es el mejor lugar de la ciudad para tomarse un café y ver pasar la gente.*

LOCARNO

Es una combinación de lugar de recreo y centro administrativo del Lago Maggiore. El paseo del lago está adornado con árboles y flores subtropicales. En el barrio antiguo están las casas señoriales y sus callejuelas llegan a hacerse tan estrechas que estirando los brazos se pueden tocar los muros de dos casas. Por otra parte, el Locarno moderno tiene grandes almacenes y amplias avenidas.

El emblema de Locarno es la **iglesia de la Madonna del Sasso,** lugar de peregrinación al que se llega en el funicular de Contrada Cappuccini. El **Castello Visconti** (o Rusca) se utilizó como fortaleza; hoy alberga el **Museo Arqueológico,** que contiene una vasta colección de piezas prehistóricas y romanas halladas en la zona. Igualmente interesantes son las **iglesias de Sant'Antonio,** con sus altares de mármol; la **Chiesa Nuova,** con techo estucado y algunas reliquias; **San Vittore,** uno de los principales ejemplos románicos del Ticino y **Santa Maria in Selva,** en donde se conservan algunos frescos del siglo XV.

El Festival Internacional de Cine de Locarno, que tiene lugar en agosto, es uno de los acontecimientos culturales más importantes del Ticino.

Palazzo Civico, Riva Albertolli
091 913 3232

LUGANO

Lugano es la ciudad más grande del Ticino y para algunos también la más bonita, ya que conjuga con equilibrio lo viejo y lo nuevo, ofreciendo todo lo que el turista pueda desear respetando su antiguo origen. Como se extiende a orillas del lago y está rodeada de altas montañas ha sido llamada el 'Río de Janeiro del Viejo Continente'. Jardines y paseos bordean el lago y hay numerosos cafés con terraza donde tomarse un regrigerio mientras se escucha alguno de los conciertos de la **Piazza della Riforma** o en los jardines del lago; el **Parco Ciani** siempre está lleno de color

y es uno de los parques más hermosos de Suiza. Si toma un *pedalo*, desde el agua podrá contemplar las mejores vistas de la ciudad y de las colinas que rodean el lago.

Lugano ha sabido conservar su fascinante centro histórico, libre del tráfico rodado, y alberga dos de las iglesias más famosas del Ticino: **San Lorenzo** y **Santa María de los Ángeles.** En esta última se conservan notables frescos de Bernadino Luini, uno de los discípulos más destacados de Leonardo da Vinci. En la ciudad hay cafés, restaurantes y locales nocturnos para todos los gustos. Por la noche también se puede dar un agradable paseo por el lago o asistir a alguna velada en un crucero. A finales de julio se celebra el Festival del Lago y el primer domingo de octubre la Fiesta de la Vendimia.

MALCANTONE

Esta pequeña región de abruptos y frondosos bosques es famosa por sus pintorescos pueblos que se asientan en terrazas abiertas en la cara sur del **Monte Lema** y están conectados entre ellos por un laberinto de estrechas carreteras. Desde **Cademario** se disfruta de maravillosas vistas del lago y de los Alpes del Ticino; además el pueblo conserva una bonita iglesia del siglo XII, la **iglesia de San Ambrogio** que está decorada con interesantes murales pintados entre los siglos XIII y XV. En el pueblo de **Miglieglia,** a corta distancia, se puede visitar la **iglesia de Santo Stefano Al Colle,** del siglo XV, que también contiene notables frescos del gótico tardío. En Miglieglia está la estación del teléferico que sube a Monte Lema. Desde el restaurante de la estación superior, la cima se encuentra a diez minutos y, aunque el sendero tiene mucha pendiente, las vistas que se disfrutan desde allí son espléndidas.

Piazza Lago
☎ 091 606 2986

Cruceros en Lago Lugano.

ℹ Via Angelo Maspoli 15 ☎ 091 646 5761

Museo d'Arte
✉ Piazza S Giovanni
☎ 091 646 7649
🕐 M-D 10–12, 2–5
✋ Económico

Museo Vincenzo Vela
✉ Largo Vincenzo Vela
☎ 091 640 7044
🕐 Mar–mayo, oct-med. nov: M-D 10–5
✋ 5 Fr.
🍴 Café

MENDRÍSIO

Mendrísio es la capital del distrito meridional del Ticino que abarca numerosos pueblos de interés. En toda la zona se aprecia un marcado carácter italiano debido a su herencia lombarda y a que aquí se producen los mejores vinos del país. Se trata de una región fundamentalmente rural, aunque Mendrísio no se ha quedado dormida en el tiempo. Al contrario, es una ciudad abierta y animada, famosa por sus fiestas y procesiones. Durante la Semana Santa las calles se adornan con flores y estandartes. La procesión nocturna a la luz de las antorchas que se celebra el Viernes Santo es un espectáculo sobrecogedor.

La iglesia de Santa Cósima y San Damián es uno de los edificios más imponentes de la ciudad, en la que se conservan, además, otras construcciones anteriores de interés, como el majestuoso Palazzo Torriani-Fontana, del siglo XVI, y el Palazzo Pollini (1720), hoy **Museo d'Arte**. El pueblo de Lignoretto, a 4 km al oeste, alberga el **Museo Vincenzo Vela** en la antigua residencia de este renombrado escultor.

MONTE GENEROSO

Monte Generoso, al que se accede desde Lugano por la encantadora villa de Bissone, ofrece uno de los panoramas alpinos más impresionantes. Es el mirador perfecto para contemplar la meseta de Lombardía, los lagos italianos y suizos y las distantes montañas del Oberland bernés y de Valais. Desde el pueblo de Capolago, frente a Riva San Vitale, un pequeño tren sube hasta la cima en 40 minutos. Con 1.701 metros de altura, es la montaña más alta de la región. En sus prados florecen numerosas variedades alpinas, como la genciana. En la cara sudoccidental, en la aldea de Bella Vista, se encuentra un bonito e interesante jardín alpino – a 7,5 km por carretera de Mendrísio (➤ arriba). Desde aquí también se disfruta de magníficas vistas.

MORCOTE

Sin lugar a dudas, Morcote es el pueblo más pintoresco de la ribera del lago Lugano, en la zona de Ceresio. Paseos, palmeras, cipreses, farolas y villas porticadas forman un mosaico de color en el que antiguamente era un pueblo de pescadores y hoy es residencia de numerosos artistas. El color que predomina en toda la villa es el terracota. Subiendo por estrechas callejuelas se llega a la iglesia de la Virgen de la Roca, del siglo XIV, con su esbelto e inconfundible campanario. En su interior se conservan notables frescos del siglo XVI y un impresionante órgano del XVII.

A las afueras de Morcote, Parco Scherrer es otro ejemplo de los bellos jardines de la zona. Cuenta con una gran variedad de árboles y plantas subtropicales y espléndidos edificios neoclásicos. Al norte (a 4 km), el sofisticado pueblo de Figino destaca por sus extravagantes villas.

En Melide, entre Morcote y Lugano, está Swissminiatur con modelos a escala de los principales monumentos de Suiza, incluidos teleféricos y trenes en funcionamiento, que permiten 'recorrer' Suiza en una tarde.

Paseo a orillas del lago con edificios porticados al estilo lombardo, en el pueblo de Morcote.

VALLES DE TICINO

La región del Ticino es famosa por sus valles que compiten en belleza con los paisajes suizos más hermosos.

En abrupto descenso desde el Valle Santa Maria, a los pies del Lukmanierpass, se abre **Val Blenio,** considerado uno de los valles más bonitos de Suiza. A lo largo de su tortuoso recorrido se encuentran pintorescos pueblos de montaña, caracterizados por su tamaño diminuto y por su soleada orientación.

En **Valle Leventina,** situado al sudeste del Paso de Saint-Gotthard, se alza la pared vertical más larga de todos los valles transitables de Europa (974 metros). La nueva autopista N2 que atraviesa el valle no ha afectado a la belleza del entorno, sino que, más bien, ha ayudado a descongestionar la vieja carretera favoreciendo que los pueblos recuperen cierta tranquilidad. El tramo más atractivo está entre los pueblos de **Quinto** y **Giornico,** por donde pasa el río que cruza un viejo puente.

En dirección norte desde Locarno (► 74), se abre el **Valle Maggia** que es famoso por los *rusticis* –antiguas casas de campesinos que tienen dos o, incluso, tres siglos de antigüedad. **Cevio,** que históricamente es el centro administrativo del valle, es el punto de acceso a una serie de

Edificios característicos del valle de Maggia, Cevio.

El pintoresco pueblo de Sonlerto con casas y capillas típicas del lugar.

pintorescos valles que se abren en todas las direcciones. Hacia el oeste, la carretera asciende al espectacular **Valle di Campo** y continúa hacia el norte hasta el **Valle di Bosco/Gurin.** El pico Wandfluhhorn Pizzo Biela, con 1.505 metros de altura, es el punto más elevado de la región del Ticino. Al norte de Cevio, a corta distancia, se encuentra el bonito pueblo de **Bignasco** donde el Valle Maggia se divide en otros dos valles –**Val Bavona** y **Val Lavizzara.** El primero forma una frondosa garganta de gran belleza que lleva a la remota aldea de **San Carlo,** situada a los pies de Pico Basódino y su impresionante glaciar. Desde aquí un telesilla sube a una serie de lagos de montaña.

Al oeste de **Valle Centovalli** ('cienvalles'), en sí mismo una zona de considerable belleza, se llega a **Valle Onsernone** por el pueblo de **Cavigliano** (a 7 kilómetros de Locarno). De menor dimensión que otros valles del Ticino, el valle serpentea a lo largo de los pintorescos pueblos de **Loco, Russo** y **Crana,** para finalizar en **Spruga,** donde un camino asciende hacia la frontera montañosa con Italia. Es el valle más impresionante de todo el cantón por sus imponentes precipicios y profundas quebradas.

Val Verzasca, el valle más remoto de la región de Ticino, se abre camino entre impresionantes desfiladeros y gargantas, en medio de un paisaje sobrecogedor. Nace al norte de **Gordola,** en el perímetro oriental de Locarno, recorre 25 kilómetros y muere en el pueblo montañoso de **Sonogno. Brione,** situado a cierta distancia de la bifurcación del río, es el pueblo más importante del valle.

Valais & Vaud

Tierra de grandes contrastes, en la región sudoccidental de Suiza podemos encontrar desde pequeñas ciudades medievales rodeadas de laderas cubiertas de viñedos a las imponentes cumbres de los picos más altos y los glaciares más largos de todo el país. Ésta es una región de valles remotos, de aldeas de montaña que parecen dormidas en el tiempo, típicas y centenarias casas de madera, pedregales castigados por el sol, lagos de aguas cristalinas y, en definitiva, de incomparable paisaje alpino. Es también la zona del país que cuenta con la oferta más variada de estaciones de montaña, que van desde elegantes y sofisticadas estaciones de esquí famosas en el mundo entero a estaciones sencillas y sin pretensiones. Pero, si hay una imagen que encierra toda la esencia de la región, esa es, sin duda, la imponente silueta del Matterhorn que se recorta contra el cielo a 4.478 metros de altitud.

Idílica estampa de Evolene, con sus flores y casas de madera, en el fértil Val d'Herens.

AIGLE

Es una pequeña y encantadora ciudad en la ribera del turbulento río Grand Eau, en el valle del Ródano. En la Edad Media fue una plaza fuerte de la Casa de Saboya que la dominó hasta el siglo XV, cuando pasó a manos de Berna (► 36) que la retuvo bajo su control hasta la invasión francesa en 1798. Todavía hoy se aprecia una fuerte influencia francesa. Aigle es muy conocida por sus vinos y por su magnífico castillo del siglo XIII, que está rodeado de viñedos. Fue reconstruido por los berneses en el siglo XV que lo transformaron en una de las fortalezas más importantes de Suiza. Compuesto por un patio central cuadrado y tres torres redondas, hoy día alberga dos museos: el **Musée de la Vigne et du Vin,** dedicado al vino, y el **Musée de l'Etiquette,** dedicado a la sal. Al lado del castillo se encuentra un enorme granero que data del siglo XVII. En Cloitre, el barrio antiguo de la ciudad, la **iglesia de Saint-Maurice,** fundada en el siglo XII, destaca por su esbelto campanario de estilo gótico tardío.

En el barrio de Fontaine, la calle Jérusalem está flanqueada por antiguas casas porticadas. Otros puntos de interés son la **plaza del mercado,** la **Rue du Bourg** y la **iglesia románica de Saint-Jacques** con una torre de 1642.

Rue Columb 5
024 466 3030

Musée de la Vigne et du Vin/Musée de l'Etiquette
Château d'Aigle
024 466 2130
Abr-oct:
M-D 10-12.30, 2-6
(julio y agosto, 10-6)
Moderado

El Château d'Aigle, del siglo XIII, rodeado de viñedos.

Por la región de Aigle

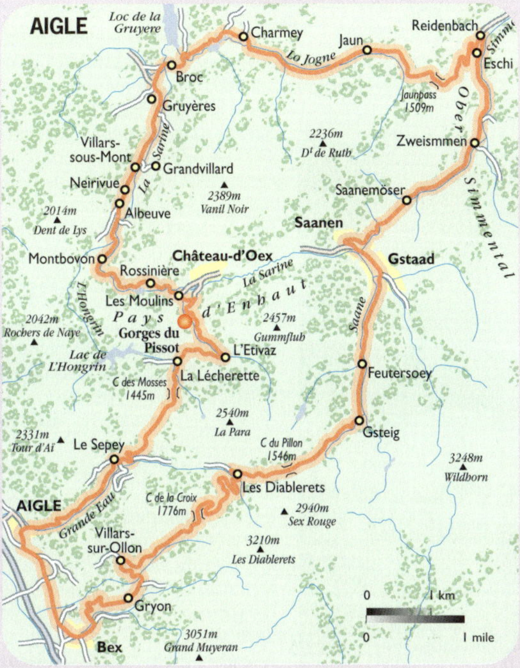

Desde Aigle salga hacia el noroeste por la R11, a Leysin y Château-d'Oex; la carretera asciende por la ribera izquierda del Grande Eau hacia Les Planches. Continúe a Col des Mosses y baje a Château-d'Oex. Siga hacia Rossinière y Gruyères, pasando primero por Montbovon. Tras 7 km gire a la derecha, hacia Grandvillard, y continúe hacia el norte hasta Gruyères. Al salir de la ciudad gire a la derecha, pasando por Broc, hacia Charmey, en la carretera del Paso de Jaun, al que se sube atravesando la garganta de Jogne hasta Jaun y después por impresionantes tramos de cornisa hasta llegar a Jaunpass (1.509 m). La carretera desciende serpenteando hasta Reidenbach, donde retomamos la R11 en dirección sur, hacia Ober Simmental y Zweisimmen. Continúe a Saanen, tuerza a la izquierda hacia Gstaad y después hacia Gsteig para subir a Col du Pillon, a los pies de Les Diablerets, y al pueblo del mismo nombre (a 4 km). Siga hacia el sur por Col de La Croix hasta Villars-sur-Ollon, aquí gire a la izquierda hacia Gryon y Bex. El desvío hacia la R9 lleva también a Aigle.

Recorrido
35 km

Bahnhofplatz
027 921 6030

BRIG

Esta animada ciudad se encuentra en el centro neurálgico de las comunicaciones del Valais y, por su ubicación a la cabeza del Paso Simplon, ha sido la ruta comercial por excelencia con Italia. Hasta aquí llega el famoso **túnel ferroviario** que atraviesa Simplonpass. Construido entre 1898 y 1904 y con 19,8 km de longitud, es uno de los más largos del mundo. Debido a su emplazamiento, Brig tiene fama de lugar de paso, fama que no hace justicia a la ciudad y sus monumentos.

El formidable **Stockalperschloss** (Palacio de Stockalper), construido entre 1658 y 1678, es uno de los palacios barrocos más bellos de Suiza. Sus tres torres coronadas de cúpulas doradas ofrecen una primera impresión de los tesoros arquitectónicos que encierra la ciudad, entre los que destacan una vieja iglesia jesuítica que data de 1662 y una serie de elegantes mansiones construidas gracias a los beneficios del comercio con Italia. La **fuente de la Marktplatz** se erigió en homenaje a uno de los héroes olvidados de la aviación, el piloto Georges Chavez –el primer hombre que voló sobre los Alpes, desde Brig hasta la ciudad italiana de Domodossola en 1910, pero que perdió la vida al aterrizar.

Plaza principal de Brig.

Avenue de la Gare
026 912 8022

Musée Gruérien
Rue de la Condémine 25
026 912 7260
M-S 10-12, 2-5; domingos 2-5
Económico

BULLE

En el centro de la región de Gruyère, la pequeña ciudad de Bulle es conocida por la producción de quesos típicos de la región. Esta zona rural situada a los pies de los Alpes noroccidentales está considerada una de las partes más bonitas de Suiza. La ciudad ha conservado su estilo rústico y en la calle principal se encuentran numerosas tiendas de quesos. En el curioso **Musée Gruérien** se ha recreado una quesería tradicional con elementos de la cabaña de un pastor. La ciudad cuenta también con un imponente **castillo** del siglo XIII y una **capilla de los capuchinos** del siglo XIV que formaba parte de un viejo hospital. Reconstruida en 1454 tras un incendio, sus espléndidas puertas de madera y el altar mayor datan de 1662.

CHAMPÉRY

Situado frente a los agrestes picos **Dents du Midi,** Champéry es un apacible centro turístico ubicado en un paraje de gran belleza. Por sus conexiones con la zona de esquí más grande del mundo –las famosas estaciones de **Portes du Soleil**– es muy popular entre los esquiadores que prefieren este agradable centro alpino a las estaciones más modernas de la zona francesa. La calle principal está cerrada al tráfico y los mejores restaurantes y tiendas se encuentran en el descenso hacia la estación del **teleférico de Planachaux.** Uno de sus edificios más destacados es una **iglesia** de principios del siglo XVIII que cuenta con una bonita linterna en la torre del campanario barroco.

Las nuevas urbanizaciones se han instalado en la carretera que bordea el pueblo, por lo que el centro ha conservado su encanto tradicional. Champéry ofrece actividades y servicios turísticos durante todo el año.

Residence Opaline
024 479 2020

Arriba: *el agradable centro turístico de Champex está enclavado a orillas de un pequeño lago y rodeado de bosques.*

CHAMPEX

Ubicado a orillas de un diminuto lago, Champex es un pueblo vacacional ideal para cualquier época del año, además de ser considerado uno de los lugares más bonitos del Valais. Está situado cerca de la frontera francesa, en un extremo del Val Ferret y protegido por el Mont Blanc, al oeste, y el Grand Combin, al este.

El **Lac du Champex** presenta un contorno tan perfecto que parece obra de la mano del hombre y sus aguas cristalinas ayudan a crear esta impresión. En verano cuenta con actividades acuáticas, mientras que en invierno se convierte en una pista natural de patinaje sobre hielo.

A lo largo de su orilla norte transcurre la única carretera del pueblo, flanqueada por elegantes hoteles decimonónicos y algunos restaurantes y cafés más modernos. Al otro lado se puede ver una pequeña capilla protestante del siglo XIX, que se ilumina por la noche y a la que se llega por un bonito sendero entre abetos.

En el centro del pueblo, en la calle principal
027 783 1227

La Place
026 924 2525

Musée du Vieux Pays d'Enhaut
En la carretera principal
026 924 6520
M-D 2-5. Cerrado en noviembre
Económico

CHÂTEAU-D'OEX

Château d'Oex era una aldea típica de montaña que se ha convertido en un gran centro de deportes de invierno, con pistas de esquí de todos los niveles, accesibles en teleférico o telesilla. Cuenta también con numerosos senderos que atraviesan valles y bosques de pinos.

En esta zona se suele visitar la **reserva natural de La Pierreuse** para ver a los rebecos; también es muy popular el **teleférico de Les Diablerets** que sube hasta el glaciar y ofrece vistas espectaculares. Los visitantes pueden surcar los rápidos del **río Sarine** (de mayo a mediados de agosto) o pescar truchas en este río o en los **lagos Rossinière y L'Hongrin.** La oferta de actividades es muy amplia e incluye vuelo en globo aerostático, de este último se celebra un famoso festival en el mes de enero.

A pesar de que el turismo es su principal fuente de riqueza, la agricultura y la artesanía también desempeñan un papel importante, que queda reflejado en el **Musée du Vieux Pays d'Enhaut,** en el que se expone una buena colección de grabados, figuras de papel y cristaleras.

Avenue de la Gare
027 485 0404

CRANS-MONTANA

A principios del siglo XX, las villas de Crans y Montana estaban separadas y, a pesar de la unión que las ha convertido en uno de los mayores centros turísticos de Suiza, ambas mantienen sus diferencias; Crans conserva un ambiente elegante y sofisticado, mientras que Montana es, sin duda, más pueblerina.

Montana disfruta de una privilegiada situación sobre un 'balcón' de incomparable belleza, aunque ha sido criticada por su crecimiento caótico. Hay que admitir que su arquitectura apenas ofrece interés y que las calles atestadas de coches dejan mucho que desear: es un 'super centro turístico' sin complejos, diseñado para comodidad de su clientela. Debido a la amplia oferta de servicios e instalaciones, es el lugar de elección de muchos suizos para comprar una segunda vivienda.

En verano se puede nadar en los lagos situados en los alrededores de Crans, pasear por numerosos senderos e, incluso, esquiar en la Plaine Mort, un glaciar de nombre

Este campo de golf está ubicado en un entorno incomparable en las laderas de Crans-Montana.

Cabinas de acceso a las pistas de Les Diablerets.

siniestro. Cuando llegan las nieves, la estación cuenta con 150 kilómetros de pistas, que, aunque no son comparables a las de otras estaciones del Valais, son muy bonitas ya que recorren zonas abiertas y zonas de bosque. Tanto desde Crans como desde Montana se puede subir en **teleférico a Bella Lui** (2.543 m) desde donde se disfruta de uno de los panoramas alpinos más espectaculares del valle del Ródano.

LES DIABLERETS

Este centro turístico está a unos 1.200 m sobre el nivel del mar, en el corazón mismo de los Alpes del Vaudois, al pie de una cordillera coronada por un imponente glaciar. El desarrollo paralelo de la agricultura y el turismo es una de las características de este pueblo de montaña, que data de la Edad Media y que ofrece una gran variedad de alojamientos como hoteles, apartamentos y chalets.

En verano, Les Diablerets es el punto de partida de muchas rutas por la extensa reserva natural en donde hay una destacada red de senderos. Es interesante la excursión al **glaciar de Diablerets.** El ascenso en teleférico dura sólo 35 minutos y alcanza los 3.000 m sobre el nivel del mar. En el glaciar, la nieve es perpetua, lo que significa que se puede esquiar incluso en verano. También se pueden organizar excursiones por las montañas. Existen viajes con guía en un autobús especial para nieve, para conocer el glaciar.

Rue de la Gare
024 492 3358

El viejo Pont Berne, cubierto y construido enteramente de madera, cruza el río Sarine en Friburgo.

Avenue de la Gare
026 321 3175

Musée d'Art et d'Histoire
Rue de Morat 12
026 305 5140
M-D 11-6 (J 11-8)
Económico

¿Sabía Ud. que...?

Aunque esta ciudad medieval se asienta en los límites de la región de Vaud, Friburgo es la capital de su propio cantón, que fue creado en el siglo XV.

FRIBOURG (FRIBURGO)

El corazón de Friburgo revela todo su esplendor cuando uno se adentra en la ciudad y pasea por su laberinto de callejuelas flanqueadas por fachadas góticas. En el barrio de Bourg, alrededor de la **catedral de San Nicolás,** se reúnen casas medievales magníficamente conservadas y restauradas. Los elegantes cafés con terraza de Rue de Romont y Rue de Lausanne son un lugar excelente para un descanso. Testigo de seis siglos de historia, la antigua colegiata, elevada a catedral cuando se constituyó el obispado de Friburgo, conserva bellas cristaleras, verdaderas obras de arte, y un notable órgano construido por Aloys Mooser.

El **Musée d'Art et d'Histoire** es uno de los museos más visitados de Suiza. Además de las exposiciones de arte clásico y moderno, conserva una serie de colecciones sobre arte e historia local y nacional desde la prehistoria hasta nuestros días. Su ampliación al edificio del 'Abbattoir' (antiguo matadero) permite admirar grupos escultóricos de gran tamaño que datan de la Edad Media.

Vista del valle de Goms desde el Paso de Furka, que une Oberwald con la Suiza central.

GOMS (VALLE DE)

También conocido como Val des Conches o Valle del Alto Ródano, en este valle predomina la población germano-parlante. Una carretera asciende lentamente de oeste a este a orillas del río por un tramo de 48 kilómetros, desde **Brig** (► 84) hasta **Gletsch,** una población cercana al glaciar. En cada recodo del camino nos sorprende un paisaje cada vez más grandioso y los pueblos, que se encuentran a intervalos regulares a lo largo de la carretera, parecen competir en encanto y belleza con el anterior.

Tourismusbüro, 3984 Fiesch
027 970 1070

MARTIGNY

Esta pequeña ciudad industrial, situada en el punto donde el Ródano forma un recodo para dirigirse hacia el lago Léman, ofrece cierto encanto e interés. Es el lugar donde convergen las carreteras de Grand St-Bernard, Forclaz y el Paso de Simplon y es también una excelente base para realizar excursiones; las fronteras con Francia e Italia se encuentran a una hora en coche e, igualmente accesibles, están las grandes estaciones de esquí de **Verbier** (► 91), **Crans-Montana** (► 86-87) y **Champéry** (► 85).

En los últimos años, Martigny ha experimentado una especie de renacimiento y ha recuperado con orgullo su herencia histórica. En 1976 se realizaron las excavaciones de un templo romano del siglo I d.C. situado cerca de la Rue du Forum y, dos años más tarde, se construyó el **Musée Gallo-Roman** sobre el mismo yacimiento. El impresionante edificio del museo cuenta con galerías desde donde se puede contemplar el templo y reúne una amplia colección de objetos de la época. En una de sus alas se expone una colección de coches antiguos que datan desde 1897. A poca distancia, por la Route du Levant, se halla un anfiteatro romano del siglo I con un aforo de 6.000 espectadores.

Las ruinas del **Château de la Bâtiaz,** un imponente castillo construido en 1259, se alzan sobre un peñasco desde donde se contemplan hermosas vistas de la cuenca de Martigny y sus viñedos. En la Place Centrale está el **Ayuntamiento,** un ambicioso edificio del siglo XIX famoso por su espléndida cristalera de 54,8 m^2 que ilustra escenas de los ríos Ródano y Dranse.

Place Centrale 9
027 721 2220

Musée Gallo-Roman et de l'Automobile

Fondation Pierre Gianadda, Rue du Forum 59
027 722 3978
Nov-jun: diario 10-6; jun-nov 9-7
Caro
Café

MÜNSTER

Es la población principal del valle de Goms y está ubicada en un bonito paraje a los pies del agreste valle Minstigertal que desciende bruscamente en una vertiente de la imponente cordillera del Aargrat, en la frontera entre Valais y el Oberland bernés. El centro de Münster está dividido por la carretera del valle, que transcurre a orillas del Ródano. El pueblo es famoso por sus casas de madera negra que datan de los siglos XV y XVI y por los tradicionales graneros asentados sobre pilares de piedra con forma de seta. La **iglesia de Santa María,** fundada en el siglo XIII, conserva el campanario románico y el altar mayor (1509) de estilo gótico. En una ladera del Minstigertal, sobre el pueblo, se encuentra la **capilla de San Antonio de Padua,** construida en 1680 y reformada un siglo más tarde.

Primer edificio a la derecha al entrar en el pueblo
☎ 027 958 1858

SAAS FEE

El bonito pueblo de Saas-Fee, en el cantón de Valais, está asentado entre imponentes montañas y glaciares. Aunque el centro está cerrado al tráfico, es posible tomar un trineo tirado por caballos o pequeños vehículos eléctricos. El pueblo ha conservado su carácter alpino y la comunidad protege los viejos chalets de madera y graneros, aunque algunos de ellos han sido transformados en hoteles y tiendas. La "perla de los Alpes", como se le conoce, está rodeada por 13 grandiosas montañas, incluido el **Monte Rosa** de múltiples

El Eispavillon en el interior del glaciar de Saas Fee.

Escalada con un guía en Saas Fee.

cumbres y segundo pico más alto de Europa. Para los esquiadores éste es uno de los mejores lugares de vacaciones. El "Metro alpino" (construido en 1984) es el funicular subterráneo más alto del mundo. Une Felskinn con Mittelallin y sube a los esquiadores a una altura de 3.500 m, en donde, naturalmente, la nieve está siempre garantizada. El montañismo de verano sigue teniendo también una importancia capital.

VERBIER

Dominado por el Mont Gelé (3.000 m), Verbier es un centro turístico excepcionalmente bien equipado. Ofrece posibilidades extraordinarias para el esquí, por lo que es uno de los lugares más populares para practicar deportes invernales, especialmente entre los jóvenes. Existe una amplia red de telesillas, teleféricos y pistas para todos los niveles, junto con una buena variedad de instalaciones para otros deportes y diversiones. Para subir a **Mont Gelé** se pueden tomar tres teleféricos; desde la cruz que señala su cima rocosa se aprecia un panorama maravilloso de los macizos del Mont Blanc y del Grand Combin.

Place Centrale
027 775 3888

Rue Centrale
024 495 3232

VILLARS

A 1.300 m sobre el nivel del mar y sobre una meseta en la parte alta del valle del Ródano, Villars ofrece una soberbia panorámica de los Alpes Vaudois, los Alpes del Valais y el Mont Blanc y tiene fama de ser uno de los centros turísticos de invierno mejor equipados.

En invierno, la estación dispone de 120 km de pistas de esquí que comprenden desde pistas fáciles para niños hasta las pistas del glaciar de Les Diablerets (► 87), a 3.000 m de altura. En verano, las opciones son variadas. Los caminantes cuentan con una extensa red de senderos señalizados (300 km); se puede admirar la totalidad de la cadena alpina tomando el **teleférico a Roc d'Orsay,** a 2.000 m de altura. El nuevo polideportivo de Villars está dotado con modernas y completas instalaciones, además de baño turco y un simulador para jugar al golf. Hay también piscinas, pista de patinaje sobre hielo, un campo de golf de 18 hoyos y, además, es posible practicar el paracaidismo y la pesca en los lagos de montaña.

Studio Patrick Jantet Villars

En verano es muy agradable recorrer los senderos de las montañas.

Bahnhofplatz 5
027 966 8111

Museo Alpino
Postfach 285
027 967 4100
Jun-oct: diario 10-12, 4-6. Jul-ago: 10-12, 3-6. Resto del año 4.30-6.30 (cerrado los sábados)
Moderado

ZERMATT

Rodeado por algunas de las montañas más altas de Europa –Dom, Matterhorn y Monte Rosa– y de sus enormes glaciares, Zermatt es una de las principales estaciones de esquí donde, por su altitud, la nieve está prácticamente garantizada. La estación cuenta con 160 km de pistas para todos los niveles, además de numerosos telesillas y restaurantes. Un teleférico sube hasta el **Klein Matterhorn,** la estación de esquí más alta de Europa, desde donde se contemplan vistas maravillosas de las cumbres alpinas.

Zermatt sólo es accesible en tren desde donde, si hay suerte, se puede ver alguna marmota huyendo asustada. No hay tránsito de vehículos a motor y el pueblo ha conservado su aspecto típico, aunque los establos han dado paso a tiendas de Rolex y Gucci y a hoteles de lujo. Zermatt presume de tener su propia galería, la **Galerie Matterhorn,** y del **Museo Alpino,** en el que se conservan recuerdos de las primeras escaladas al Matterhorn.

En verano, los caminantes vienen para pasear por las laderas cuajadas de flores del Matterhorn. Una bonita excursión consiste en subir por el camino de la vía del tren de cremallera de Gornergrat hasta Riffelberg, desde donde se disfruta de una excelente perspectiva del Matterhorn, y volver andando a Zermatt vía Ritti y Winkelmatten.

Por las montañas de Zermatt

Tome el funicular en Zermmatt para subir a la estación de Riffelalp y después tome el camino de la cornisa de Findelgletscher, señalizado Grüensee ('lago verde') –un agradable paseo entre bosques de alerces y pinos.

Tras un kilómetro se llega a una bifurcación. Siga por el camino de la derecha que sube gradualmente hasta el lago. Pase el restaurante y bordee el lago por su orilla norte (donde suele haber bañistas). El camino sigue y atraviesa varios arroyos hasta que se une a otra senda más baja que lleva a otro arroyo y a un pequeño lago.

Continúe hasta el Grindjisee, un lago precioso y relativamente tranquilo agazapado entre la montaña y la morrena del glaciar. Más arriba del lago cae una cascada que alimenta un alegre arroyo. Éste es un buen lugar para descansar y comer algo, mientras se disfruta de las vistas del Matterhorn, al suroeste, y del Findelgletscher, que desciende por una vertiente del Stockhorn hacia el este. Regrese al sendero y, tras una corta distancia, tome la desviación de la derecha que pasa por el Mosjesee, un lago de color lechoso, y desciende después hasta la aldea de Findeln, con casas y establos de madera.

Desde aquí siga el sendero a Winkelmatten que desciende serpenteando entre bosques hasta llegar a la vía del tren. Cruce las vías y siga hacia la izquierda hasta el centro de Winkelmatten. Siga bajando hasta la base del teleférico de Furri donde el camino se une a la carretera de Zermatt.

Recorrido
13 km

Duración
Unas 3 horas

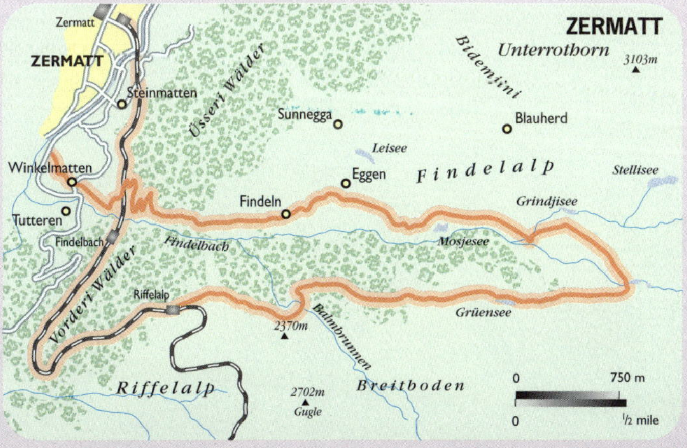

Los Grisones

El mayor de los cantones suizos, con una extensión que cubre cerca de un sexto de la superficie del país, los Grisones (en alemán 'Graübunden'), es también el único cantón en donde se hablan tres idiomas nacionales: alemán, italiano y romanche. En su territorio están comprendidas desde las granjas y aldeas más remotas, hasta los centros vacacionales más populares y elegantes, como St. Moritz, Davos, Flims y Klosters. Es el cantón con menor densidad de población de Suiza, con 24 habitantes por kilómetro cuadrado, mientras que la media es de 150 habitantes/km^2. Los Grisones conservan un carácter auténticamente alpino y es el único cantón que se extiende a ambos lados de los Alpes.

Vuelo en ala delta sobre Davos, en los Grisones.

Paseo por las montañas de Davos

Recorrido
14 km
Duración
Unas 3 horas

El funicular de Davos Dorf.

Tome el funicular de Davos Dorf a Weissfluhjoch. En la estación superior, salga por la puerta trasera y descienda hasta los pies del Weissfluh. Continúe hacia la derecha siguiendo las indicaciones a Parsennhütte (los cables del teleférico de Schifer quedan a la derecha). Tras una corta distancia, aparecen un par de caminos que bajan a un pequeño lago a los pies del Totalphorn. Ignórelos y siga de frente otros 15 minutos.

Tras pasar el Schwarzhorn, hay una bifurcación que indica Schifer a la izquierda y Parsennhütte a la derecha. Tome esta última y suba un tramo corto bajo el teleférico hasta el final de un arrastre del Parsennfurgga. Ahora hay un descenso con mucha pendiente, pero muy bonito, hasta Parsennhütte y la estación del teleférico. Éste es un buen lugar para descansar y tomar algo.

Los famosos campos de nieve de Parsenn están a corta distancia, pero el regreso a Davos se hace por Höhenweg, atravesando el túnel y tomando el camino de la izquierda. La senda bordea un arrastre y asciende suavemente bajo el Totalphorn. Desde aquí las vistas de Davos son impresionantes. Tras cruzar otro arrastre, hay dos opciones: ir a la estación de Höhenweg o bajar una inclinada pendiente entre bosques hasta Meierhof, sobre el lago. Desde aquí, el punto de partida queda a sólo 15 minutos.

ℹ Poststrasse (cerca del casino)
☎ 081 378 7020

Senderismo para todas las edades en Davos.

AROSA

Situado en un paraje remoto en la cabecera del bonito **valle de Plessur,** este popular y antiguo centro turístico es un pueblo animado y con encanto, que combina la elegancia de St Moritz (► 99) con el ambiente relajado e informal de las estaciones más pequeñas.

Para los aficionados a los deportes invernales existen pistas muy variadas. Todas las zonas de esquí están muy bien conectadas formando una red de 72 km de descensos preparados y vigilados. El esquí de fondo (Langlauf) es muy popular y cuenta con 32 km de pistas especiales. Otras instalaciones incluyen una pista para trineos, dos pistas naturales y dos artificiales de patinaje sobre hielo, bolera y casino.

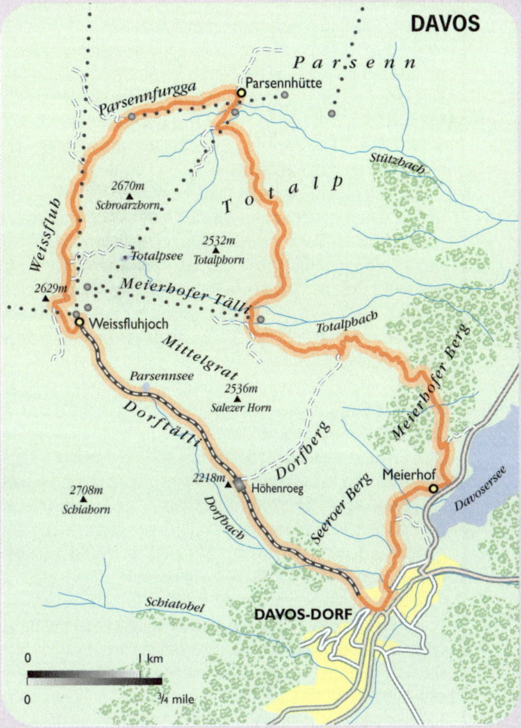

DAVOS

Davos, el mayor centro de esquí de Los Grisones, cuenta con un buen sistema de telesillas, nieve, generalmente, en buenas condiciones y muchas instalaciones de *après-ski*.

Está ubicado en un tranquilo valle alpino que se divide en dos partes, Platz y Dorf. Es un lugar muy animado, aunque arquitectónicamente mediocre, lleno de cafés y boutiques y con una larga tradición de centro de salud, frecuentado antaño por personalidades tan famosas como Robert Louis Stevenson y Sir Arthur Conan-Doyle.

Las laderas que atraen a multitud de deportistas forman parte de la cadena montañosa Strela, dominada por el pico **Weissfluhjoch** (cerca de 2.750 m de altura). El **funicular de Parsenn** conduce a los más extraordinarios campos nevados del país. En verano, Davos es igualmente atractivo por sus 450 km de senderos que atraviesan pueblos, montañas y bosques; por las salidas organizadas para practicar la escalada y el montañismo; por las actividades acuáticas en el lago de Davos, la pesca de la trucha y el campo de golf de 18 hoyos, entre otras actividades.

Promenade 67,
Davos Platz
081 415 2121

ℹ Flims Waldhaus
☎ 081 920 9202

FLIMS

La gente de Flims sigue hablando el romanche, ajena a las lenguas del turismo internacional. El pueblo está enclavado en una terraza sobre el cañón del Rin, en medio de un paisaje espectacular, y, a pesar del turismo, sigue siendo un pueblo, aunque en realidad son dos: Flims-Dorf, el pueblo antiguo, y Flims-Waldhaus, donde se encuentran los hoteles, dispersos en un bosque de pinos.

El pueblo gozó de cierta fama en el siglo XIX por el balneario, que contaba con huéspedes ilustres como la familia real holandesa. Después de la Segunda Guerra Mundial experimentó un verdadero desarrollo tras la instalación del telesilla a Foppa, el primero de Europa. En 1956, el pico Cassons Grat (2.675 m) se unió a Naraus por teleférico, lo que aseguró la fama de Flims como una de las primeras estaciones de esquí del país.

ℹ Alte Bahnhofstrasse
☎ 081 410 2020

KLOSTERS

Tres décadas de popularidad entre la realeza, estrellas de cine y miembros de la jet-set no han echado a perder a Klosters. Acurrucado a los pies de cumbres majestuosas, el pueblo parece salido de un cuento de hadas, con trineos tirados por caballos, gente amable y pintorescos chalets. Los esquiadores pueden elegir entre 24 trenes de montaña y telesillas, todos ellos a tiro de piedra del pueblo.

De las numerosas **pistas de esquí** en la zona de Gotschna-Parsenn, la favorita sigue siendo el descenso desde la cima de Weissfluh hasta Küblis. Los esquiadores de fondo han alabado durante muchos años las pistas de Klosters y los caminantes cuentan con muchos y cuidados senderos que abarcan desde agradables paseos por los alrededores del pueblo a rutas más ambiciosas. Para los amantes del 'hielo' hay dos pistas naturales de curling y patinaje.

Vista de Klosters y del río Landquart, en el valle de Prättigau.

PONTRESINA

Pontresina es un pequeño pueblo turístico que conserva viejos chalets de madera pintados al estilo de la región de Engadine. Enclavado en un valle resguardado, comparte la estación de esquí con St-Moritz y, aunque mucho menos 'chic' que su vecino, tiene encanto y es más barato.

Por otra parte, los elegantes hoteles de principios del siglo XX del pueblo no tienen nada que envidiar a los hoteles de estaciones de más prestigio. Cerca de la carretera principal, debajo de la aldea de **Punt Muragel,** está la estación del **funicular** que sube al **pico Muottas Muragel,** desde cuya cima se disfruta de hermosas vistas del valle de Engadine y del macizo de Bernina.

Kongresszentrum Rondo
☎ 081 838 8300

El valle de Engadine es ideal para la práctica del senderismo.

ST MORITZ

St. Moritz, situado en el sur de los Alpes y a una altitud de 1.856 metros sobre el nivel del mar, sigue siendo uno de los centros turísticos más conocidos y apreciados de Suiza. Los primeros visitantes llegaron atraídos por las fuentes minerales, que se conocen desde tiempos ancestrales. St-Moritz-Dorf está ubicada en la ladera de la montaña, a los pies del Schiefer Turm (campanario inclinado), único vestigio del pueblo antiguo, hoy poblado de hoteles palaciegos. St-Moritz-Bad es la zona de los balnearios cuyas instalaciones están alrededor del lago.

Via Maistra 12
☎ 081 837 3333

En esta localidad nacieron el turismo de invierno y los deportes invernales modernos de los Alpes, además de ser el único lugar de Suiza en donde se han celebrado unos Juegos Olímpicos de invierno. Gracias a la elevada altitud y la orientación al sur, hay muchas probabilidades de tener buena nieve y buen tiempo, lo que asegura una larga temporada y muchos aficionados al esquí alpino y de fondo. En verano, el principal atractivo de St. Moritz estriba en la cantidad de deportes que se pueden practicar, como esquí, vela, windsurf, patinaje sobre hielo y golf en el campo de golf más alto y antiguo de la Europa continental.

Plazzet 21
081 851 0060

SAMEDAN

Samedan es una encantadora población típica de la región de Engadine y un verdadero remanso de paz para los golfistas que vienen aquí desde principios del siglo XX atraídos por su bonito campo de golf de 18 hoyos. Situado a cierta distancia de la nueva carretera entre Zuoz (➤ 103) y St Moritz (➤ 99), el pueblo está asentado en una zona privilegiada del **valle de Bernina,** frente al macizo del mismo nombre. En el centro se encuentra una **iglesia** del siglo XVIII y hacia un extremo del pueblo una **iglesia** de estilo gótico tardío que contiene el panteón familiar de los Plantas, una influyente familia de la región cuya majestuosa residencia fue transformada en un centro para la cultura romanche. En la carretera a la pequeña aldea de **Bever,** se puede ver la **Chesa Planta,** uno de los edificios más notables de la arquitectura típica de Engadine.

Samedan está rodeado de bosques tras los que se alzan las cumbres nevadas del Bernina.

Ruta por las tierras de Samedan

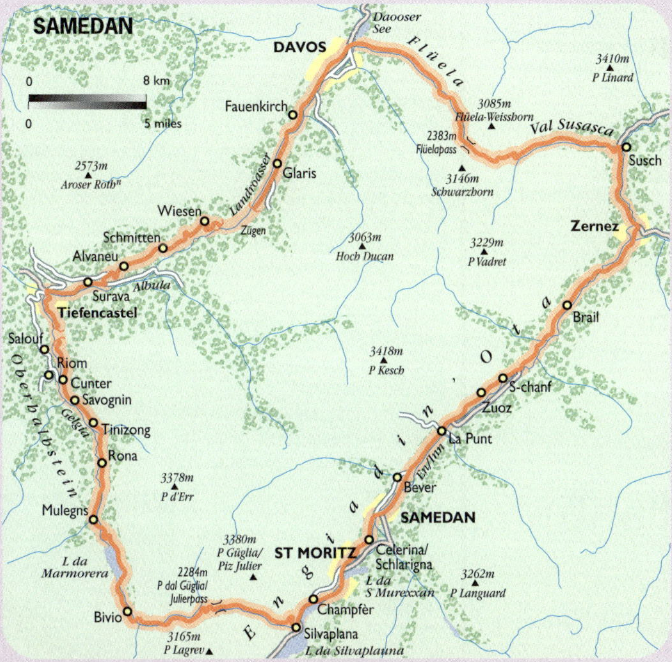

Desde Samedan tome la Route 27 hacia el noreste para llegar al pintoresco Zuoz. La carretera principal recorre la ribera izquierda del río En hasta Zernez. Continúe hacia el pueblo de Susch y aquí tuerza a la izquierda por la sinuosa carretera que sube a Flüelapass, a través del rocoso Val Susasca. La carretera desciende entre el árido paisaje de Flüela hasta Davos. Continúe por la calle principal del pueblo siguiendo los indicadores a Tiefencastel, pasando primero por el viejo pueblo de Frauenkirch. Una serie de túneles cruzan el desfiladero de Zügen; después la carretera se adentra en la garganta de Landwasser antes de encontrarse con el desvío al paso de Albulapass, justo antes de Tiefencastel. Siga por la Route 3 hacia el paso de Julierpass y St Moritz. Continúe al sur hacia Savognin. Desde aquí la carretera cruza el pueblo de Tinizong, sube a Rona y Bivio y después a Julierpass. Un pronunciado descenso lleva a Silvaplana, donde se retoma la Route 27 hacia el noreste, por la orilla norte del lago Lake Silvaplana hasta St Moritz, y desde aquí, bordeando el lago de St Moritz (Lago de San Murexxan) se regresa a Samedan.

Recorrido
128 kilómetros aprox.

Hauptstrasse
(cerca de correos)
081 861 2222

Museo Chagronda
Plaz
Jul-sep: L, M, X, V 3-6. Med-Mayo a finales de junio y octubre: M y J 4-6. Med-dic a Semana Santa: M y J 5PM, sólo visitas guiadas
Económico

SCUOL

Es el centro de la vida cultural de la Baja Engadine y la última ciudad de cierta importancia antes de la frontera austro-suiza. Está situada entre la carretera del valle y la ribera norte del río En y abarca dos pueblos más pequeños, **Tarasp** y **Vulpera.** Famosa por sus balnearios, la ciudad está dividida en dos partes diferenciadas, siendo la parte baja la más antigua. Cuenta con bonitas casas de arquitectura típica de la región que datan del siglo XVII y están construidas alrededor de dos plazas pavimentadas. Entre ellas destaca la **Chagronda**, frente a la iglesia del siglo XVI, que ha sido transformada en un museo dedicado a la historia de la Baja Engadina. Los dos puentes que cruzan a Vulpera son interesantes –el más bajo es un puente cubierto de madera que no es característico de la zona.

En invierno, las laderas soleadas de **Motta Naluns** proporcionan agradables pistas que son frecuentadas por esquiadores suizos y alemanes.

Neudorfstrasse 49
081 651 1134

THUSIS

Esta ciudad comercial, situada a los pies del Heinzenberg, constituye el centro neurálgico del **valle de Domleschg.** Antiguamente tenía fama como centro de salud, pero hoy día es visitada por más montañeros que enfermos convalecientes, que vienen atraidos por la pirámide rocosa del **Piz Beverin,** al suroeste. La ciudad cuenta con una **iglesia** de estilo gótico tardío que data de 1506 y con el **castillo de Hohen-Rhaetian,** hoy en ruinas, situado en una elevación rocosa al sur de la ciudad. Muy cerca, se hallan las **ruinas de la iglesia de San Juan,** destruida en el siglo XV. Thusis está rodeado de espesos bosques y pequeñas aldeas de campesinos situadas en la vertiente oriental del **valle de Domleschg.** En el valle se encuentran otras ruinas de antiguos castillos feudales, como el de Rothenbrunnen, Paspels y Rodels.

ZUOZ

En esta antigua población de la región de Engadine se aprecia claramente la influencia de la familia Planta. Sus calles empedradas, tan angostas que casi no entra la luz del sol, están flanquedas por casas del siglo XVI que conservan sus viejos postigos y están pintadas en el típico estilo de la región. La **fuente** de la plaza principal está rematada por un oso, símbolo heráldico de los Planta, que se puede ver en numerosos edificios del valle. La **iglesia** románica con su esbelto chapitel, que fue reconstruida en el siglo XVI, constituye el emblema de la ciudad. En la misma plaza, en el lado norte, se alza la imponente residencia de la familia Planta con una torre del siglo XIII unida al edificio principal por varias arcadas.

En otros tiempos, Zuoz fue la capital de la Alta Engadine; hoy día es un centro de veraneo bastante popular. Cuenta también con una larga tradición de centros de educación y es la sede del legendario Lyceum Alpinum, el colegio privado con mejor reputación de toda Suiza.

Via Maistra
081 854 1510

La graciosa torre de la iglesia románica de Zuoz es el emblema de la ciudad.

El tren: rutas panorámicas

Estaba claro desde el principio que el tren y la montaña no formaban una buena pareja. Las ruedas de metal sobre raíles metálicos no generaban la fricción necesaria para subir pendientes. Por ello se eliminaron rigurosamente los gradientes y se aseguró que las vías mantuviesen el mismo nivel. Todo el mundo sabía que el tren podía llegar hasta la base de las montañas y que allí debía pararse. Estaba claro para todo el mundo menos para los suizos. Este principio básico no podía ser aceptado en un país cuya superficie abarca tierras llanas y las montañas más altas de Europa. Los suizos necesitaban establecer comunicaciones entre las distintas partes del país, por tanto, si había una montaña en el camino, abrían un túnel a través de ella; si había que cruzar una sima, se construía un puente; y si la pendiente era muy pronunciada para un tren convencional, había que inventar otro tipo de tren. El resultado: la creación de una red de ferrocarriles a través de los paisajes más imponentes de Europa.

Aunque no se trate, quizá, de la línea de ferrocarril más espectacular, la **línea del Oberland Bernés** fue en su tiempo la menos 'probable'. Conecta Interlaken con los valles de Lauterbrunnen y Grindelwald y sigue después hacia el Jungfraujoch a través de los túneles de la montaña de peor fama de Europa, el Eiger. El turismo fue el gran impulsor de la creación de esta línea de ferrocarril y no el deseo de proporcionar un medio de transporte a los habitantes de los remotos valles de las montañas. La iniciativa tuvo muchas voces en contra, en base a los efectos devastadores del turismo sobre el entorno, hasta entonces prácticamente virgen. No obstante prevalecieron los intereses económicos y el tren a Lauterbrunnen y Grindelwald se inauguró

Al recorrer Suiza en tren, el paisaje invita a la fotografía en cada recodo del camino.

en 1890, la conexión a Kleine Scheidegg tres años más tarde. En este mismo año, 1893, Adolf Guyer-Zeller, desde las altas cumbres del Schilthorn, decidió el lugar por donde atravesaría el Eiger. Los trabajos comenzaron en 1896 y se completaron en 1912.

En Interlaken los viajeros cambian de la línea principal suiza al tren de vía estrecha. La primera parada es Wilderswil desde donde parte el tren de cremallera de Riggenbach que asciende a Schynige Platte, un impresionante mirador de los picos del Oberland. La bonita población de Lauterbrunnen está situada en la boca de un valle famoso por sus cascadas: Trümmelbach, formada por varias cascadas, y Staubbach, un espectacular salto de agua de 300 metros de altura. El restaurante de la cima de Schilthorn (al que se accede en teleférico) fue parte del escenario donde se rodó la película de James Bond *Al Servicio de su Majestad*.

Desde Lauterbrunnen el tren recorre tierras de bosques, que se abren en ocasiones ofreciendo maravillosas vistas del valle y del Staubbach, hasta llegar a Wengen. Los apeaderos de Allmend y Wengernalp son muy utilizados por los caminantes. En el hotel de Wengernalp Byron escribió *Manfred*, que publicado en 1817 atrajo a la primera ola de turistas al Oberland bernés y, por ello, también desempeñó un papel en la creación del ferrocarril. Después de Wengen la vista se extiende al tiempo que el tren asciende hacia los grandes picos. Kleine Scheidegg es poco más que la estación, un hotel y un puñado de tiendas, pero la aldea está ubicada en un paraje de belleza incomparable. Hacia Grindelwald, se alza a la izquierda el Lauberhorn, muy conocido entre los esquiadores, y a la derecha la pared norte del Eiger. Desde el telescopio de Kleine Scheidegg se siguieron, en su día, las tragedias y epopeyas que se vivían en la pared.

En Kleine Scheidegg los viajeros cambian al tren de Jungfraujoch. Hay una parada en el glaciar Eigergletscher (que ha retrocedido últimamente, al igual que la mayoría de los glaciares del Oberland) antes de entrar en el túnel del Eiger. Se emplearon catorce años en la construcción de este túnel de 7,1 kilómetros de longitud y gradientes de hasta el 25 por ciento. Dentro del túnel hay dos paradas; en la primera se puede apreciar la verticalidad y dureza de la pared norte del Eiger. En la segunda parada, Eismeer, la vista abarca el mundo implacable de las altas cumbres.

Jungfraujoch, a 3.454 metros de altitud, es la estación de ferrocarril más alta de Europa. Aquí es aconsejable caminar despacio para evitar la fatiga y los dolores de cabeza producidos por la altitud. Desde el Observatorio de Sphinx, la impresionante vista panorámica abarca el Glaciar de Aletsch, el más largo de Europa, y los picos del Oberland Bernés.

Desde Kleine Scheidegg el tren desciende a Grindelwald. En invierno los esquiadores adelantan al renqueante tren por las pistas de la izquierda. Hacia la derecha,

NOMBRES

Los nombres de los tres picos más famosos del Oberland Bernés proceden de una antigua leyenda suiza en la que una joven (Jungfrau) es rescatada de las garras de un ogro (Eiger) por un astuto monje (Monch). Por el contrario, Interlaken debe su nombre a una razón obvia, su situación 'entre lagos', los lagos Thun y Brienz.

la pared norte del Eiger aparece frecuentemente cubierta por las nubes y la ventisca, pero cuando se deja ver, sobrecoge por su majestuosidad y fiereza. En Grund el tren da marcha atrás (o los viajeros cambian de tren) para realizar el corto ascenso hasta Grindelwald. Desde aquí, se completa el recorrido por la línea a Wilderswil e Interlaken a través de un paisaje menos espectacular pero igualmente hermoso.

Entre las líneas de los trenes de montaña, la más popular es la del **Glacier Express,** que conecta St Moritz y Zermatt recorriendo las escarpadas tierras de los Grisones y del Valais. Esta línea comenzó con la construcción del tramo entre Visp y Zermatt en 1899 y fue terminada en 1915 con un nuevo trayecto cerca del Paso de Furka. Durante los primeros años, los viajes estaban amenazados por el mal tiempo; muchos puentes se desmantelaban en invierno para evitar que fueran destruidos por las avalanchas y en primavera se volvían a instalar. Por ello, se construyeron enormes deflectores de avalanchas para asegurar el servicio ferroviario en invierno y no fue hasta 1982, con la construcción del túnel de la base del Paso de Furka, de 13 km, cuando se completó totalmente la ruta. El Glacier Express, con sus 90 viaductos, casi 300 puentes y túneles es un verdadero milagro de la ingeniería, además de una máquina maravillosa que nos transporta al corazón de la naturaleza. Sin embargo, la ruta del Glacier Express no es tan completa como la de Jungfrau, ya que hay partes que se hacen a través de las líneas de la red principal. Algunos trenes hacen el recorrido completo, pero en ocasiones los viajeros tienen que cambiar de tren en Chur y Visp.

St Moritz, bajo su apariencia glamurosa, es un típico pueblo turístico, tranquilo y agradable, situado a orillas de un lago rodeado de los picos de Engadine como telón de fondo. La línea empieza en Engadine y llanea hasta Samedan, antes de penetrar en el primer túnel, el Albula de 5,9 km de longitud. En el tramo que une este túnel con Bergün, los ingenieros idearon una serie de curvas y túneles en espiral para salvar el desnivel. Ésta es la parte más espectacular (y más movida) del trayecto. El descenso continúa hasta el viaducto de Landwasser que traza una graciosa curva y, por su altura, parece desafiar las leyes de la gravedad. Se llega después al desfiladero de Schyn que se cruza a través de varios túneles y viaductos. Este tramo de vía supuso un quebradero de cabeza durante una década hasta que, después de estudiar varias alternativas, los ingenieros decidieron cortar por el medio.

La vía comienza ahora a descender por suaves pendientes hasta el empalme de Reichenau, los pasajeros se relajan y se escuchan menos expresiones de sorpresa ante la belleza del paisaje. A la

HEIDE EXPRESS Y ENGADINE STAR

El tramo del Glacier Express que va de St-Moritz a Reichenau también forma parte de dos rutas circulares llamadas Heide Express y Engadine Star. Cada una usa parte de la red principal para llegar a Chur y a Landquart, desde donde la ruta continúa hacia el este, a través de un gran valle hasta Malons. Después de este pueblo la vía corre a lo largo del río Landquart a través de una impresionante y angosta garganta para subir luego en medio de bosques hasta Klosters. Aquí el Engadine Star prosigue hacia el este, cruzando el recién inaugurado túnel de Vereina, hasta Susch, Zernez y el Parque Nacional de Suiza, una zona de montañas y bosques donde habitan el ciervo y el íbice. Desde Klosters el Heide Express se dirige hacia el sur a Davos y Filisur para continuar por la ruta del Glacier Express.

derecha, en lo alto, se puede ver el castillo de Hohenrätien, del siglo XII, que inspiró varias pinturas de Turner. En primavera, el trayecto de Reichenau a Ilanz y Treen transcurre entre campos en flor, con el joven Rin como compañero. Pronto las tierras de pasto dan paso a áridas montañas mientras el tren asciende al paso de Oberalp, las vistas a veces ocultas tras los deflectores de avalanchas. Superado el paso de montaña (2.048 metros), comienza un descenso vertiginoso en el que, en ocasiones, es preciso utilizar el sistema de piñón y cremallera para llegar a Andermatt, una bonita ciudad alpina situada en una encrucijada de caminos.

Desde Realp, al oeste de Andermatt, el tren subía hasta el viejo túnel del Furka, tramo que era difícil mantener abierto en invierno, al igual que la carretera. Esto se subsanó con la construcción del nuevo túnel de la base del Furka, que también permite el acceso a automóviles. A la salida del túnel se contemplan impresionantes vistas del glaciar del Ródano, lugar de nacimiento del río. La vía sigue el curso del río a través del Alto Valais. En Fiesch se conserva la primera versión conocida de la leyenda de Guillermo Tell en el fresco del siglo XVI de Tellenhaus. Se llega después a Brig, un nudo ferroviario desde donde sale el tren de Simplon, que se dirige hacia el sur por el camino abierto por Napoleón para llegar a Italia y al Lago Maggiore. El viaje continúa hacia Visp donde se ignora el valle del Ródano y la vía gira hacia Mattertal. Aunque el paisaje de los alrededores de St. Moritz y Andermatt es maravilloso, la parte más bonita del viaje está por llegar. Se pasa por la pendiente más pronunciada del recorrido y, tras el puente de Stalden, el valle es tan angosto que parece que se pueden tocar las paredes desde las ventanillas. En Tasch muere la carretera del valle y muchos turistas se suben al tren para ir a Zermatt. En las praderas se pueden ver en ocasiones marmotas y, tras un recodo, aparece a la vista el Matterhorn. La montaña más impresionante de Europa, el Matterhorn, se alza majestuoso detrás

CARRERA A LA CUMBRE

La carrera hacia la cima del Matterhorn duró varios años. Los escaladores ingleses John Tyndall y Edward Whymper y el guía italiano Jean Carrel intentaron varias veces hacer cumbre, antes de que Whymper lo lograra en 1865. El triunfo de Whymper se tornó en tragedia cuando cuatro de los siete componentes de su expedición perdieron la vida en el descenso, lo que motivó duras críticas de los supervivientes. Tras lo sucedido, se intentó prohibir el alpinismo en Inglaterra.

El ferrocarril de montaña de St Moritz subiendo a Corviglia.

de Zermatt, un pueblo de belleza indescriptible. Aquí termina el recorrido del Glacier Express, pero no es el final nuestro viaje ya que el tren de cremallera de Gornergrat, inaugurado en 1898, asciende otros 1.480 metros en sus 9,4 kilómetros de recorrido, atravesando 5 viaductos, 5 puentes y 5 túneles para alcanzar Gornergrat, a 3.092 metros de altitud, y ofrecernos una vista aún más espectacular del Matterhorn.

El **Wilhelm Tell Express** une Lucerna con la Suiza italoparlante. Lucerna, capital de la República Helvética napoleónica, está en el centro de la región donde se acordó la 'Alianza Perpetua', la fundación de la moderna Suiza. Como Wilhelm Tell, personaje legendario que encarna el carácter nacional, procedía de esta región, es natural que la ruta que recorre el corazón de Suiza lleve su nombre. Curiosamente, el Wilhelm Express comienza con un viaje en barco a vapor que recorre el lago desde Lucerna hasta Flüellen. Aquí se toma el tren que va hacia el sur, a Andermatt. Después de la ciudad, el tren comienza a subir por paisaje agreste y montañoso hasta el túnel de Gotthard y después a Airolo, en tiempos parada de diligencias y hoy la estación más alta (1.142 m) de la red nacional de ferrocarriles.

El tren baja ahora el valle, paralelo a la carretera. En Biasca el valle es más ancho, se pierde de vista la carretera y se pasa por bonitas cascadas. Al cruzar al cantón de Ticino se alcanza pronto Bellinzona, su capital. Desde aquí se abren dos vías, una va hacia el sur, hacia Lugano, una elegante y sofisticada ciudad a orillas de un lago rodeado de montañas; y la otra va hacia el oeste, a Locarno, situado en un extremo del Lago Maggiore, que Suiza comparte con Italia.

Para aquéllos que quieran continuar viaje, desde Locarno sale el **Centovalli Express** que recorre espectaculares paisajes, atravesando gargantas y valles, entra en Italia para llegar a Domodossola, situada a los pies del Paso de Simplon. Si desea completar una ruta circular, desde Domodossola sale un tren que cruza el Túnel de Simplon y llega a Brig, donde se toma la conexión a Andermatt.

Estas rutas que hemos sugerido son las más conocidas, pero no abarcan todas las posibilidades que Suiza puede ofrecer. Desde Montreux parte el **Tren del Chocolate Suizo** que sube primero a Gruyères (famoso por sus quesos), después se dirige a Broc y, por último, llega a la fábrica de chocolates Nestlé; mientras que en el norte del país, el **Voralpen Express** conecta Romanshorn, en el Lago de Constanza, con Lucerna. Estas y otras rutas posibles son tan agradables e interesantes como las más famosas. A pesar de que la geografía suiza no ayuda, el tren es un medio excelente para explorar uno de los países más hermosos de Europa.

EL GOLDENPASS

Lucerna es el punto de salida de la línea del Goldenpass que comienza atravesando tierras bajas de pastos hasta llegar a Sarnen. En Alpnachstad se puede hacer un paréntesis para tomar el tren de cremallera más vertiginoso del mundo, con pendientes de hasta el 48 por ciento, que lleva a Pilatus. Una vez pasado Sarnen, el tren bordea la ribera del Sarnen See hasta Giswil, se adentra en valles abruptos para llegar a Brünig y descender después a Meiringen. El trayecto continúa hacia Interlaken y las orillas de los lagos Thun y Spiez. Sube a través de paisaje montañoso a Saanenmöser y al punto más alto del recorrido y desciende a Gstaad cruzando un gran viaducto, uno de los momentos estelares del recorrido. Continúa descendiendo hacia el famoso Châteaux d'Oex, vuelve a subir a través de los túneles de Col de Jaman para bajar, por último, a Montreux.

Glaciares

Entre los grandes fenómenos naturales propios del paisaje suizo destacan, sin duda, los glaciares. Sus atentas vecinas –las montañas– ejercen un efecto diferente sobre quien las observa: pueden impresionar, despertar distintas sensaciones, a veces pueden incluso inspirar miedo, pero la visión de un glaciar es realmente impactante, sobrecogedora.

Los glaciares son grandes ríos de hielo en movimiento, que avanzan o retroceden dependiendo de las condiciones climáticas. Cuando uno está en un glaciar, consciente de su imperceptible movimiento, se tiene una sensación desconcertante de miedo y fascinación. Los glaciares son fuerzas destructivas que se mueven por su propio peso, pulverizando todo lo que se encuentra a su paso. En los Alpes su avance es lento –por lo general, unos centímetros al día– y su patrón de movimiento predecible, pero en otras partes del mundo los glaciares pueden moverse hasta a 8 km/h.

En Valais se encuentran los dos glaciares más largos de los Alpes –el **Aletsch**, que desciende a los pies del Jungfrau durante 23,5 kilómetros hasta lo alto del valle de Goms, y el **Gorner** en Zermatt, de 14,5 kilómetros de longitud. Comparados con los glaciares de la Antártida, éstos son pequeños.

Un glaciar se forma por la acumulación de nieve por encima del límite de las nieves perpetuas, que en los Alpes suizos se sitúa entre los 2.500 y 3.200 metros de altitud. Las continuas nevadas hacen que la nieve se comprima y se forme hielo por la presión. Las capas de la nieve fresca se acumulan sobre la superficie del glaciar hasta que el peso de las mismas sobrepasa la resistencia del hielo. En este momento, la masa de hielo de la base del glaciar

NOCIONES GENERALES

Una masa grande de hielo que se forma sobre la tierra por la cristalización de nieve y se desplaza lentamente, es un glaciar. Los glaciares ocupan, aproximadamente, el 11 por ciento de la superficie terrestre y contienen alrededor del 75 por ciento del agua dulce del planeta. La mayoría se encuentra en la Antártida y en Groenlandia; el resto se distribuye entre distintos continentes (a excepción de Australia). Se calcula que existen 200.000 glaciares en todo el mundo, de los que 600 están en los Alpes suizos, ocupando un área de 2.000 km^2, aproximadamente.

Arriba: *detalle de la estructura del Glaciar del Ródano, en el Paso de Furka, cerca de Italia.*

Izquierda: *vista del Glaciar de Stein y Sustenpass, en el cantón de Obwalden.*

Vista del Glaciar de Grindelwald, en la región de Jungfrau.

comienza a moverse lentamente, dependiendo su velocidad de la pendiente y de la temperatura del hielo. El movimiento de los glaciares de los valles alpinos es similar al del agua de los ríos, con más velocidad en el centro y menos en los laterales. El movimiento de la base del glaciar arrastra a las capas superiores de hielo, más frágiles y quebradizas, provocando la formación de fisuras, llamadas grietas, en la superficie. Estas grietas, a menudo ocultas bajo finos 'puentes de hielo', se abren o cierran dependiendo de la presión y constituyen el mayor peligro para el hombre. La ironía de la naturaleza traicionera de las grietas es que también proporcionan un hermoso espectáculo para los observadores (desde una distancia de seguridad) ya que, al romperse la superficie del glaciar, se forman curiosas torres, pináculos y esculturas de hielo.

En la lengua del glaciar, entre detritus rocosos, se descarga agua de color lechoso, efecto producido por el polvo mineral. A veces constituye solamente un fino hilo de agua, pero generalmente forma turbulentos torrentes. No obstante, lo que más impacta de los glaciares es, sin lugar a dudas, la profundidad y los colores que presenta el hielo por el alto contenido mineral. Indescriptibles tonalidades de verde y azul se combinan para crear uno de los elementos más espectaculares del paisaje suizo.

LOS PELIGROS

Son muchos los alpinistas y esquiadores que han perdido la vida en las entrañas de un glaciar, porque, aún habiendo sobrevivido a caídas de hasta 60 metros de altura, la posibilidad de rescate es prácticamente nula. A menudo se han encontrado los cuerpos de las víctimas muchos años más tarde, en increíble estado de conservación, cuando son expulsados por el glaciar. Algunos alpinistas del siglo XIX (identificados gracias a sus efectos personales) han recibido sepultura un siglo más tarde ante la presencia de lejanos descendientes. El 'Hombre de hielo', de hace 5000 años, encontrado en el perímetro de un glaciar de la frontera italo-austríaca, es un buen ejemplo del efecto de estas tumbas de hielo.

Deportes de invierno

Si bien, los deportes de invierno aparecen por primera vez en los países escandinavos, su gran desarrollo y expansión se debió al ingenio y a la visión comercial de los suizos y a la afluencia de aficionados ingleses, pasando de ser un juego de niños a una industria internacional que factura miles de millones al año.

El patinaje sobre hielo fue el primer deporte de invierno que se desarrolló en los Alpes. Los holandeses fueron los pioneros en deslizarse sobre patines y darse cuenta de las ventajas de trasladarse por los canales helados sobre rudos patines hechos con hueso, madera y metal. En el siglo XVII se practicaba ya el patinaje no sólo en los países del norte de Europa, sino también en Canadá y Estados Unidos. En Suiza, las primeras pistas de patinaje se establecieron en St Moritz, Davos y Grindelwald; hoy día se puede patinar sobre hielo en prácticamente todos los centros turísticos de los Alpes, donde también se encuentran las mejores pistas naturales del mundo.

Sin embargo, son las carreras de trineos, que se creen originarias de los indios de Norteamérica, las que satisfacen el ansia de velocidad y riesgo de los primeros deportistas. Introducidas en los Alpes suizos por los ingleses, la primera carrera de la que se conservan documentos se celebró en Davos en febrero de 1883. Muy pronto se llegó a la conclusión de que la salida de todos los participantes al mismo tiempo presentaba demasiados riesgos y fueron también los ingleses los que, para evitar el peligro de colisión entre los competidores, construyeron una pista de 1.200 metros en St. Moritz en la que se cronometraba a cada participante de uno en uno. Esta mejora fue el punto de partida para las competiciones de deportes de invierno que se desarrollarían durante el siglo siguiente. Hoy día, la pista de trineos llamada **Cresta Run** sigue casi el mismo trazado que la pista original.

Otro deporte introducido en ese momento fue el **curling**, cuya invención reclaman holandeses, alemanes y escoceses, aunque algunos documentos históricos confirman que los escoceses ya arrastraban piedras sobre hielo en el siglo XVI. En 1880 se fundó en St. Moritz el primer club de curling, en la actualidad hay más de 150 pistas.

Sin embargo, el deporte más significativo fue el esquí, que comenzó una auténtica revolución de los deportes invernales

DESPLAZAMIENTO SOBRE NIEVE

Se cree que antes de la invención de la rueda, el hombre ya había desarrollado varios artefactos para desplazarse sobre la nieve y el hielo. Las pinturas rupestres encontradas en Noruega indican que se habían utilizado rudimentarios patines, esquís y trineos durante más de 4.500 años. Eran soluciones prácticas para dificultades físicas y no fue hasta finales del siglo XIX cuando se descubrieron las posibilidades deportivas de estos medios de transporte.

Carreras de trineos en Schatzalp y Rinerhorn.

INNOVACIONES

Cómo y cuándo se inventó el esquí sigue siendo una incógnita, pero los primeros indicios apuntan a los países escandinavos. En unas competiciones deportivas celebradas en Oslo entre caballeros se presentó un sencillo campesino llamado Sondre Norheim y ganó todas las carreras. El secreto de su victoria residía en unas tablas de esquí que había ideado él mismo. Las tablas se estrechaban en el medio, eran más cortas y contaban con sujeciones que aseguraban el pie al esquí, lo que permitía una completa maniobrabilidad. Como resultado de ello nació la técnica de giro llamada 'Telemark', nombre de la montaña en la que se había desarrollado.

a finales del siglo XIX en las primeras estaciones de esquí de St. Moritz, Flims, Arosa, Zermatt y Grindelwald. En aquel momento todavía era un deporte poco atractivo, porque para disfrutar de un descenso de unos minutos había que subir andando por la nieve con el equipo a cuestas. A principios del siglo XX llegó otro momento crucial para estos deportes con la intervención del operador turístico británico Henry Lunn. El inventor de los 'paquetes de vacaciones' comenzó a traer grupos de turistas bajo los auspicios del elitista Public Schools Alpine Sports Club. Hacia 1920, las estaciones de Wengen, Mürren y Grindelwald estaban tan colonizadas por las clases pudientes británicas que los suizos decían bromeando que necesitaban un pasaporte para entrar. En este momento nacieron varios clubs de esquí con el nuevo concepto de 'esquí de descenso' solamente. Las autoridades del ferrocarril de la región de Jungfrau permitieron la conexión en tren de Wengen y Grindelwald vía Kleine Scheidegg y la nueva generación de esquiadores pudo realizar descensos a ambos pueblos sin el agotador esfuerzo que era preciso anteriormente. Otro invento que cambió radicamente la situación fue el arrastre; el primero se instaló en Davos en 1934 y tardaba 30 segundos en subir a los esquiadores a una pista a la que antes se tardaba media hora en subir.

Hoy día, millones de aficionados visitan cada año los Alpes suizos atraídos por la inigualable oferta deportiva, por la belleza del paisaje y por el encanto de sus pueblos de montaña y sus estaciones de esquí.

El snow-board es para los amantes del riesgo.

Dónde...

Arriba: *La bandera suiza ondea sobre el Lago Thun.*
Derecha: *Sello de la* 'Abbaye de l'Aigle Noir' *en Aigle.*

Hoteles

Precios
Precios aproximados por habitación doble y noche con desayuno incluido en temporada alta (en algunas ciudades durante todo el año).

C = más de 270 FrS.
M = entre 200-270 FrS.
E = menos de 200 FrS.

Clasificación por estrellas
En Suiza se utiliza la clasificación de 1 a 5 estrellas que indican las siguientes categorías:

*** básico**
**** confortable**
***** categoría media**
****** primera clase**
******* lujoso**

Esta clasificación es bastante clara, sin embargo, conviene siempre comprobar los servicios que ofrece el establecimiento hotelero (cambio de sábanas, servicio de habitaciones, etc.) para asegurarse de que se adapta a nuestras necesidades.

El norte de Suiza

Basilea

Drei Könige (C)
Magnífica ubicación a orillas del río. Entre sus huéspedes más famosos se encuentran Picasso y Mick Jagger. Le harán sentirse como un auténtico rey pero también le vacían la cartera. Dos restaurantes de la misma categoría que el hotel.
✉ **Blumenrain 8**
☎ **061 260 5050;**
fax 061 260 5060

Zurich

Adler (M)
La mayoría de los hoteles de lujo de las ciudades caras tienden a situarse en las afueras, lo que por la noche resulta incómodo. Este encantador hotel, decorado con frescos, se encuentra cerca del lago y de los muelles (para algunos la zona más pintoresca de la ciudad). Buena insonorización que asegura un buen descanso. Excelente restaurante con especialidades suizas.
✉ **Rosengasse 10, am Hirschplatz**
☎ **01 2669 696;**
fax 01 266 9669

Oberland Bernés

Berna

Allegro (C)
No es barato pero desde sus habitaciones se contemplan bonitas vistas de la ciudad vieja o de los picos del Oberland. Tres restaurantes que van de la cocina asiática a la suiza.
✉ **Kornhaustrasse 3**
☎ **031 339 5500;**
fax 031 339 5510

Martahaus (E)
Un hotel cómodo y básico a 10 minutos andando del centro, en un edificio alto y viejo pero totalmente reformado. Bien organizado.
✉ **Wyttenbachstrasse 22A**
☎ **031 332 4135;**
fax 031 333 3386

Grindelwald

Wolter (M)
Cerca de la estación y, en invierno, el 'skibus' tiene parada a su puerta. Familiar y muy cómodo. Su excelente restaurante ofrece cocina casera y buena.
✉ **3818 Grindelwald**
☎ **033 854 3333;**
fax 033 854 3339

Interlaken

Beau-Site (M)
Muy bien situado cerca de la estación del oeste y con espectaculares vistas del Jungfrau y otros picos. En verano abre la terraza con tumbonas y sombrillas. Las habitaciones son limpias y cómodas.
✉ **Seestrasse 16**
☎ **033 826 7575;**
fax 033 826 7585

Kandersteg

Adler (M)
Encantador chalet con chimenea en el salón. La mayoría de las habitaciones con balcón para disfrutar de las vistas. Tiene dos buenos restaurantes y, en invierno, un agradable ambiente après-ski en el bar.
✉ **Hauptstrasse**
☎ **033 675 8010;**
fax 033 675 8011

Wengen

Eden (E)
A poca distancia del centro, está situado en una zona tranquila. Habitaciones agradables, aunque no todas tienen ducha; algunas con balcón.
✉ **3823 Wengen**
☎ **033 855 1634;**
fax 033 855 3950

El centro de Suiza

Altdorf

Bahnhof (E)

Hotel familiar en una vieja casa que ha sido ampliada, a poca distancia de la estatua de Guillermo Tell. Es un hotel básico pero las habitaciones son agradables y el personal muy atento. Tiene un buen restaurante.

6460 Altdorf
041 870 1032; fax 041 870 9932

Lucerna

Schweizerhof (C)

Es sin duda el mejor hotel de la ciudad, con vistas al lago y muy céntrico, a corta distancia del Kapellbrücke. Este hotel de lujo ofrece todos los servicios y comodidades que cabría esperar.

Schweizerhofquai 3
041 410 0410; fax 041 410 2971

Rebstock (M)

Cercano a la Hofkirche, al lago y a los muelles de Schweizerhofquai, ocupa un hermoso edificio del siglo XII. Está decorado con mucho gusto; las habitaciones y el servicio son excelentes. Tiene dos buenos restaurantes –el de especialidades suizas merece una visita.

Sankt Leodegar Platz 3
041 410 3581; fax 041 410 3917

Alpha (E)

Su aspecto exterior no es muy atractivo, pero el interior es muy agradable. Está muy bien situado, a 10 minutos a pie del centro y cerca de la estación de tren.

Zahringstrasse 24
041 240 4280; fax 041 240 9131

Schwyz

Wysses Rössli (M)

Está situado en un bonito emplazamiento, frente a la iglesia de San Martín. Cuenta con buenas instalaciones, buen servicio y dos excelentes restaurantes.

Hauptplatz 3
041 811 1922; fax 041 811 1046

Lago de Ginebra

Ginebra

Edelweiss (M)

Cercano al Quai President Wilson y a corta distancia de las atracciones turísticas más interesantes. Es un edificio alto y elegante con un interior rústico (al estilo de los chalets suizos). Es un hotel cómodo y muy agradable.

Place de la Navigation 2
022 544 5151; fax 022 544 5199

Lausanne

Hotel de la Paix (C)

Este elegante hotel disfruta de una ubicación envidiable. Aquí encontrará todo el lujo que se espera de un hotel de su categoría, incluido un excelente restaurante. Intente reservar una habitación con vistas al lago.

Av. Benjamin-Constant 5
021 310 7171; fax 021 310 7172

Montreux

Hostellerie du Lac (M)

Como su nombre indica, está situado a orillas del lago y a un par de minutos del casino. Ambiente agradable y acogedor. Buenos restaurantes en las inmediaciones.

Rue du Quai 12
021 963 3271; fax 021 963 1835

Camping

En Suiza la acampada sólo está permitida en zonas autorizadas. La Oficina Nacional de Turismo proporciona un mapa y listado de todos los campings del país. Si viaja con caravana recibirá toda la información necesaria en la oficina Schweizer Camping und Caravaning Verband, Habsburgerstrasse 35, CH-6004 Luzern 041 234 822.

Velotels

Son hoteles que ofrecen servicios especiales para ciclistas y se distinguen con un símbolo diferente. La lista de estos establecimientos se puede obtener llamando al 01 680 2223; fax 01 780 6564

Alojamiento para jóvenes

Suiza cuenta con un número bastante limitado de albergues juveniles, pero todos ofrecen excelentes instalaciones. Además dentro del proyecto 'Swiss Family Experiment', familias suizas ofrecen alojamiento a jóvenes de una a tres semanas (más información en la Oficina Nacional de Turismo). También se puede alquilar una habitación en las casas particulares que ofrecen habitación y desayuno a todo tipo de viajeros.

Ticino

Locarno

Beau-Rivage (M)

Ocupa un imponente edificio de la carretera del lago. Interior muy elegante y habitaciones decoradas con madera natural. Las que dan al lago suelen ser más pequeñas. Excelente buffet de desayuno.

✉ **Viale Verbano 31**
☎ **091 743 1355; fax 091 749 409**

Dell'Angelo (E)

Está situado en un extremo de la Piazza Grande, cerca del castillo. Instalado en un edificio del siglo XVII totalmente reformado, el hotel Dell'Angelo sorprende por su ubicación, servicios y por su precio económico.

✉ **Piazza Grande 1**
☎ **091 751 8175; fax 091 751 8256**

Lugano

Grand Hotel Villa Castagnola (C)

Tan lujoso como indica su nombre y su categoría, los salones de mármol y el exótico parque que lo rodea son sólo una muestra que lo que ofrece este hotel. Las espléndidas habitaciones con vistas al lago y al parque se complementan a la perfección con su excelente restaurante.

✉ **Viale Castagnola 31**
☎ **091 973 2555; fax 091 973 2550**

Hotel du Lac (M)

Un nombre que se repite pero en este caso se corresponde con su situación a orillas del lago, en el barrio Paradiso, al sur de Lugano. El hotel posee acceso privado al lago para bañarse. Sus habitaciones son muy cómodas, todas con vistas al lago.

✉ **Riva Paradiso 3**
☎ **091 994 1921; fax 091 994 1122**

Morcote

Carina Carlton (C)

Un lugar especial para los interesados en la arquitectura ya que fue propiedad de Gaspare Fossati, un famoso arquitecto suizo cuyas influencias turcas se aprecian en el edificio. La fachada de inspiración italiana es, también, sorprendente. Las habitaciones están bien decoradas (algunos muebles son antigüedades) y muchas tienen espléndidas vistas del lago, de las que también se puede disfrutar desde la terraza del hotel.

✉ **Via Cantonale**
☎ **091 996 1131; fax 091 996 1929**

Valais y Vaud

Brig

Schlosshotel (E)

Es un alojamiento ideal para los que piensen recorrer por su cuenta la región del Valais porque es fácil de localizar y tiene aparcamiento. Además es un hotel cómodo, con muchos restaurantes en los alrededores.

✉ **Kirchgasse 4**
☎ **027 922 9595; fax 027 922 9596**

Château d'Oex

Ermitage (M)

Un agradable hotel en el que es difícil reservar habitación durante el festival del globos aerostáticos de enero si no se hace con mucha antelación. Las habitaciones son muy cómodas y el restaurante bueno.

✉ **Le Petit Pré**
☎ **026 924 6003; fax 026 924 5076**

Saas Fee

Allalin (M)

Uno de los hoteles más atractivos de este bonito pueblo. Las habitaciones están bien equipadas y son cómodas. El restaurante es famoso por sus platos de cocina de la región de Valais.

✉ 3906 Saas Fee
☎ 027 957 1815;
fax 027 957 3115

Verbier

Hotel de la Poste (M)

Situado muy cerca de la plaza principal. Regentado por una familia y muy adecuado para familias en un centro turístico orientado especialmente a adultos. Las habitaciones están decoradas en estilo alpino moderno. Cuenta con un agradable restaurante.

✉ Rue de Médran
☎ 027 771 6681;
fax 027 771 3401

Zermatt

Grand Hotel Zermatterhof (C)

Alojamiento perfectamente preparado para que sus huéspedes disfruten de una estancia de ensueño que comienza con el traslado al hotel en coche de caballos. Ofrece todo tipo de instalaciones y servicios; las habitaciones están decoradas con todo lujo de detalles. El restaurante es uno de los mejores de la ciudad.

✉ 3920 Zermatt
☎ 027 966 6600;
fax 027 966 6699

Garni Tannenhof (M)

Un buen hotel para el bolsillo medio. Sencillo y acogedor, bien decorado y con un ambiente agradable.

✉ Bahnhofstrasse
☎ 027 967 3188;
fax 027 967 2173

Los Grisones

Davos

Ochsen (M)

Cerca de la estación de tren y a poca distancia del centro. Hotel básico pero muy agradable y acogedor. Las habitaciones están bien equipadas; algunas con vistas al Jakobshorn. Restaurante bueno y barato.

✉ Talstrasse 10 7270 Davos-Platz
☎ 081 413 5222;
fax 081 413 7671

Klosters

Rustico (M)

En ocasiones se le ha descrito como restaurante con habitaciones, lo que no es justo ya que ofrece alojamiento cómodo y, en general, un buen servicio. Tiene un restaurante sin pretensiones pero donde se come muy bien.

✉ Landstrasse 194
☎ 081 422 1212;
fax 081 422 5355

St Moritz

Crystal (C)

Su aspecto exterior desentona un poco con los antiguos edificios cercanos a la estación de Corviglia, pero no se deje engañar. El hotel Crystal es muy agradable y está decorado en auténtico estilo alpino. Tiene un buen restaurante italiano.

✉ Via Traunter Plazzas 1
☎ 081 836 2626;
fax 081 836 2627

Waldhaus am See (M)

Fue una posada, después una residencia particular y por último es un buen hotel con habitaciones muy confortables. El restaurante está decorado con gusto.

✉ Via Dimlej 6
☎ 081 836 6000;
fax: 081 836 6060

Albergues de montaña

En un país tan montañoso como Suiza no sorprende que exista un club alpino que posee y regenta numerosos albergues de montaña. La Oficina Nacional de Turismo proporciona información sobre los mismos, pero se obtiene información más completa en el Schweizer Alpenclub

✉ Monbijoustrasse 61, CH-3000 Bern 23
☎ 031 370 1818

Visitantes discapacitados

La Oficina Nacional de Turismo publica una guía para visitantes discapacitados y una lista de los hoteles con habitaciones adaptadas para ellos. Debido a la gran demanda es preciso reservar con mucha antelación antes de su viaje.

Restaurantes

Precios

Precio aproximado para una comida de tres platos (la bebida no está incluida):

C = más de 82 FrS
M = entre 54-82 FrS
E = menos de 54 FrS

Buena calidad

Sin tener en cuenta su categoría, los restaurantes suizos sin excepción son buenos y limpios. Las cocinas se mantienen impecables y el servicio es eficiente. La obsesión de los suizos por la calidad y la eficiencia supone una gran ventaja para el cliente que, sin duda, disfrutará de una excelente cocina y de un servicio impecable.

El norte de Suiza

Basilea

Zum Goldenen Sternen (M)

El restaurante más antiguo de la ciudad data del siglo XV. Está cerca del Rin y del Gegenwartskunst (Museo de Arte Contemporáneo). Cocina suiza tradicional con ciertas influencias francesas. Sus especialidades son la anguila ahumada y la trucha. Se recomienda reservar.

En Alban-Rheinweg 70
061 272 1666
Cerrado 10 días antes de Navidad

Da Roberto (E)

Este restaurante italiano es muy popular entre los no fumadores y los jóvenes. Ofrece pizzas y pasta, nada sobresaliente pero buena relación calidad/precio.

Kuchengasse 3
061 205 8550

Zurich

Kronenhalle (M)

Se trata del restaurante de más fama de la ciudad, pero no del más caro. Las obras originales firmadas por artistas como Braque, Klee, Miró y Picasso dan buena cuenta de su antigua clientela que se reunía aquí para degustar sus deliciosos platos de cocina franco-suiza. Sus especialidades incluyen ternera cocida y cerdo ahumado. Es conveniente reservar con antelación.

Rämistrasse 4, 8001
01 2516 6691

Oberland Bernés

Berna

Wein und Sein (M)

Es el restaurante de moda en Berna. No es barato pero ofrece buena calidad. La cocina está a la vista, lo que siempre es una buena señal. Ofrece una selección limitada de platos que cambia cada día.

Münstergasse 50
031 311 9844
Cerrado D, L y dos semanas a finales de julio

Arlequin (M)

Es otro de los restaurantes de moda, pero que ha sido frecuentado siempre por los entendidos. Cocina italo-suiza, en un ambiente agradable y decoración tradicional. Merece la pena. Se recomienda reservar con antelación.

Gerechtigkeitsgasse 51
031 311 3946

Kornhauskeller (E)

En este enorme granero se sirve buena cocina regional, pero a veces es difícil llamar a los camareros por la gran afluencia de comensales. Algunas noches música tradicional en vivo. Se recomienda reservar.

Kornhausplatz 18
031 277 272
Cerrado lunes

Grindelwald

Alte Post (M)

Uno de los pocos restaurantes de Grindelwald que no forman parte de un hotel. Bonita decoración y ambiente animado. Especializado en platos regionales con gran presencia de las setas. Imprescindible reservar.

3818 Grindelwald
033 853 4242

Interlaken

Teene (M)

Sorprendente marisquería suiza cuya especialidad es la langosta y el buen pescado. Reserve con antelación.

Alpenstrasse 58
033 822 9422

Schuh (M)
Ambiente romántico, vistas panorámicas y suave música de piano de fondo. Cocina austriaca y suiza.
✉ **Höheweg 56**
☎ **033 829 9441**
🕒 **Cerrado nov. y los lunes de dic-marzo**

Mürren
Piz Gloria (E)
En el Piz Gloria se pueden revivir escenas de la película *Al servicio de su Majestad* de James Bond mientras se disfruta de un menú sencillo pero bueno. Abierto sólo cuando el teleférico está en funcionamiento.
✉ **Schilthorn**
☎ **033 856 2140**

Wengen
Arvenstube (M)
Decoración clásica y menú suizo. Sus especialidades son la *fondue bourguignone* (previo encargo), ternera de Valais preparada en la mesa y pechuga de oca ahumada.
✉ **Hotel Eiger**
☎ **033 856 0505**

El centro de Suiza

Altdorf
Lehnhof (M)
Un pequeño restaurante con encanto, tanto al mediodía como por la noche. Comedor al estilo bistró, con una carta sorprendentemente amplia y buena cocina.
✉ **Lehnplatz 18**
☎ **041 870 1229**
🕒 **Cerrado primera quincena de enero y última semana de julio**

Engelberg
Engelberg Hotel (M)
Este excelente *stübli* de uno de los mejores hoteles de la ciudad ofrece un ambiente muy agradable y un buen menú.
✉ **Dorfstrasse 14**
☎ **041 639 7969**
🕒 **Cerrado miércoles**

Lucerna
Old Swiss House (C)
Uno de los mejores restaurantes de la ciudad, instalado en un viejo edificio de madera y decorado con antigüedades. La clientela viene desde lejos para degustar su famoso *Wienerschnitzel*, el resto de los platos son igualmente deliciosos.
✉ **Löwenplatz 4**
☎ **041 410 6171**

Stadtkeller (M)
Bodega de grandes dimensiones con una tradición de varios siglos y veladas animadas por música tradicional en vivo. Cocina de estilo alemán, con gran presencia de *sauerkraut* y salchichas. Generosas raciones.
✉ **Sternplatz 3**
☎ **041 410 4733**
🕒 **Cerrado D, L, todo noviembre y marzo**

Schlössli Utenberg (M)
Impresionante mansión barroca del siglo XVIII, a 4 km de la ciudad por la carretera a Dietschiberg. Ambiente muy especial y terraza con vistas a Lucerna. Buen menú al mediodía.
✉ **Utenbergstrasse 643**
☎ **041 420 0022**
🕒 **Cerrado lunes y martes**

Schwyz
Adelboden (M)
A 6 km al norte de Schwyz en la carretera a Einsiedeln. Se recomienda por su menú típico alpino que incluye platos de pescado y carne.
✉ **Schlagstrasse, 6422 Steinen**
☎ **041 832 1942**
🕒 **Cerrado D, L, 2 semanas de feb. y fin. de jul- princ. de ago.**

Lago de Ginebra

Ginebra
La Perle du Lac (C)
Atractiva localización a orillas del lago, en el parque Mon Repos. Mesas en el jardín y en su agradable comedor. Especialidades fuera de lo común,

Menú turístico
La mayoría de los restaurantes ofrecen diariamente, además de sus platos a la carta, un menú turístico a precio reducido y normalmente con una buena relación calidad-precio. La selección es limitada, pero si desea comer algo rápido y a buen precio, es una buena opción.

Especialidades
En un país constituido por zonas de marcada diferencia cultural –francesa, alemana, italiana y romanche– no sorprende que el viaje a través de sus tierras se convierta también en un viaje gastronómico a través de distintas cocinas regionales. La ternera (en platos como el schnitzel) y el hígado de ternera se prepara en la mayoría de las regiones, donde también se encuentran los platos nacionales –*wurst* en la zona alemana, pastas en la italiana y deliciosas salsas en la zona francesa.

Pain et Couvert
Por norma general encontrará en la nota del restaurante un cargo por *Pain et Couvert* o *Pane e Coperto* (en la zona italiana) añadido a la cuenta. Éste es el cargo por el uso de la mesa y por la cesta de pan que acompaña a la comida que, en teoría, se puede rellenar varias veces pero en la práctica se limita a sólo una cestilla, excepto en los restaurantes de más categoría.

como *fera* (pescado del lago) y pichón con hígado de pato y albaricoques. Imprescindible reservar.

Rue de Lausanne 126
022 909 1020
Cerrado L y med. dic-med. ene

Pizzeria da Paolo (E)
Totalmente diferente a La Perle; excelentes pizzas y otras variadas alternativas. Cerca del jet de agua.

Rue de Lac 3
022 736 3049

Lausanne
La Jardin d'Asie (M)
Un asombroso restaurante que sirve cocina china, malasia y japonesa. También sushi y otras exquisitas especialidades asiáticas. Muy recomendable.

Avenue du Théâtre 7
021 323 7484

Montreux
L'Ermitage (C)
En una zona residencial del noroeste de la ciudad, cerca del lago. Es famoso por su chef, Etienne Krebs, que prepara deliciosos platos, como el cordero con hierbas alpinas y el pato salteado con setas de la zona.

Rue de Lac 75, Clarens
021 964 4411

Ticino

Ascona
Borromeo (M)
Ocupa un monasterio del siglo XIV y cuenta con una gran terraza. Su excelente cocina suiza e italiana atrae a numerosa clientela. Pruebe el risotto milanés con azafrán.

Via Collegio 16
091 791 9281

Locarno
Centenario (C)
El mejor restaurante de la ciudad y uno de los mejores de Suiza. Su sencillo comedor está a tono con su cocina natural a base de productos de temporada. Es delicioso el cordero a las hierbas, el ciervo con setas y el soufflé de frutas. Conviene reservar.

Lungolago Motta 17
091 743 8222
Cerrado domingo y lunes

Boccalino (E)
Cerca del castillo y de la Piazza Grande. El mejor restaurante vegetariano y de pescado con un menú impresionante y bonito emplazamiento.

Via della Motta 7
091 751 9681
Cerrado por la noche S, D y L; cerrado al mediodía X y J

Lugano
Parco Saroli (M)
En el centro de la ciudad y decorado por un famoso diseñador que ha creado un agradable espacio. La cocina también es buena.

Viale Stefano Franscini 6
091 922 8805
Cerrado S-D

Locanda bel Boschetto (M)
Un comedor rústico adornado con muchas flores. Menú sencillo a base de carnes y pescados a la parrilla. Ambiente agradable.

Via Boschetto 8, Cassarina
091 994 4495

Morcote
La Sorgente (E)
Restaurante pequeño y acogedor en Vico, a 4 km de Morcote, con terraza en verano. El menú es sencillo pero muy bueno.

6921 Vico-Morcote
091 996 2301

Valais y Vaud

Brig
Schlosskeller (M)
Un comedor típico en la subida a Simplonpass. Buena cocina tradicional; ideal para el mediodía.

Alte Simplonstrasse 26
027 923 3352

Friburgo

La Fleur-de-Lys (C)

Magnífica cocina en un agradable entorno. El chef, Pierre-André Ayer, es famoso por los ravioli y por sus platos a base de perca del lago.

Rue des Forgerons 18
026 322 7961

Saas Fee

Swiss Chalet (M)

Instalado en un bonito chalet de las afueras de la ciudad. Buena cocina a precios razonables.

3906 Saas Fee
027 957 3535

Verbier

Au Vieux Verbier (M)

Discutiblemente el mejor restaurante de la ciudad. Está situado cerca de las pistas de esquí, por lo que en invierno se llena. Carnes y pescados de calidad a la brasa, también solomillo flambeado.

Gare de Médran
027 771 1668

Zermatt

The Grill Room (C)

El restaurante del Hotel Walliserhof está instalado en una granja transformada en un elegante comedor en el que se sirve cocina suiza, francesa e italiana. Se recomienda reservar con antelación.

Hotel Walliserhof, Bahnhofstrasse
027 966 6555

Stockhorn (M)

Restaurante de estilo alpino, agradable chimenea y menú elaborado a base de raclettes, pastas y carnes.

Riedstrasse
027 967 1747

Walliserkanne (E)

Pequeño y acogedor, cerca de la estación de tren. Expone obra de artistas de la zona. Menú italiano a base de pasta, pizzas y otros.

Bahnhofstrasse
027 966 4610

Los Grisones

Arosa

Stueva-Cuolm (M)

Una elegante *trattoria* toscana en la que se degusta excelente cocina. Aseguran que el *daube de boeuf* se marina 24 horas antes de servir.

Poststrasse
081 378 8890

Davos

Bunderstübli (M)

Cálido ambiente, paredes de madera y un menú recuperado de viejos libros de cocina suiza. La sopa de cebada es deliciosa.

Dischmastrasse 8, 7260 Davos-Dorf
081 416 3393

Klosters

Alte Post (M)

La oportunidad de ver a algún famoso de visita en Klosters añade atractivo a este restaurante instalado en un chalet suizo. Si busca algo diferente, pruebe la trucha ahumada con enebro. Reserve con antelación.

Doggilochstrasse 136
081 422 1716
Cerrado en mayo y noviembre

St Moritz

Jöhri's Talvo (C)

Un restaurante relativamente nuevo en la escena de St. Moritz (a 3 km al sur) que se ha ganado un puesto entre los mejores. Su plato estrella es el cordero a las hierbas con salsa de mostaza, pero su *puschlav* ('sopa de pobre') es también excepcional.

Via Gunels 15, 7512 Champfèr
081 833 4455

Engadina (E)

Mucho más barato que el Jöhri's Talvo, pero muy interesante. Está en el centro de Dorf, frente al ayuntamiento. Ricas fondues y otros platos sorprendentes, como caracoles con mantequilla al ajillo.

Piazza da Scuola 2

Vinos

La industria suiza del vino no puede competir con la de sus países vecinos, no obstante en Suiza se producen algunos caldos interesantes. Vaud es la región vinícola más famosa, en la que destacan los blancos, como el Lavaux o el Yvorne. El Dôle es el tinto más conocido y, al igual que el blanco Fendant, procede de la región del Valais. Los vinos del Ticino también disfrutan de cierto prestigio, pero su contenido en alcohol es más elevado. Los vinos de Mezzana – tintos y blancos – y el tinto Nostrano son excelentes.

De compras en Suiza

Relojes
Suiza es famosa en el mundo entero por sus relojes que todavía hoy día representan una buena compra para los visitantes. Desde los sencillos Swatch (cuyos modelos antiguos se cotizan a precios astronómicos) hasta las marcas más caras, Suiza es el lugar donde elegir, aunque el precio no sea siempre el más ventajoso.

La extraordinaria calidad de los productos suizos hace que este país sea un paraíso para los compradores. Además de una variedad inagotable de relojes, hay otros artículos, como telas, bordados, pañuelos, prendas deportivas de lana y mantelerías. Hay chocolates de todas las formas, tamaños y sabores. Otros recuerdos que merece la pena comprar son las navajas multiusos, cajitas de música, tallas de madera, cerámica y otras artesanías, antigüedades y libros de arte. Resulta imposible ofrecer una lista detallada de todos los establecimientos que destacan por sus productos, pero aquí les sugerimos las mejores tiendas de las ciudades más importantes.

Basilea

Las calles comerciales más importantes de la ciudad son Aeschenvorstadt, Freie Strasse, Gerbergasse, Schneidergasse y Spalenberg. Los jueves se celebra un **mercado** en Barfüsserplatz.
Si busca una buena **relojería** visite *Gübelin* (☒ Freie Strasse 27 ☎ 061 261 4033) o *Kurz* (☒ Freie Strasse 39 ☎ 061 261 2620), para presupuestos más ajustados.
En *Leder-Droeser* (☒ Eisengasse 11 ☎ 061 261 4253) encontrará **bolsos, carteras,** etc. de primera calidad.
Para **calzado y ropa,** *Bally Capitol zum Pflug* (☒ Freie Strasse 38 ☎ 061 261 1897) ofrece sus productos en tres plantas completas.

Berna

En Berna las mejores calles para ir de compras son Spitalgasse, Postgasse, Marktgasse, Kramgasse y Gerechtigkeitgasse.
Los **almacenes Globus** (☒ 17 Spitalgasse ☎ 031 313 4040) son los grandes almacenes más importantes de la ciudad (y uno de los mejores de Suiza).
En Kramgasse 61 se encuentra una buena tienda de **artesanía**, *Oberlander Heimat* (☎ 031 311 3000), que reúne artículos de todo el país y es un excelente lugar para comprar recuerdos y regalos.
Para **moda femenina** visite *Ciolina Modehaus* (☒ Marktgasse 51 ☎ 031 328 6464).
Para **artículos de piel,** *Gypax Mode* (☒ Spitalgasse 4 ☎ 031 311 2561).
Para **joyas** de primera calidad, *Gübelin* (☒ Bahnhofplatz 11 ☎ 031 311 5433).

Ginebra

Si sale de compras en Ginebra debe dirigirse a Rue de Mont-Blanc, Rue Rousseau, Rue du Marché, Rue de Chatepoulet, Rue du Rhône y Rue de la Cité, donde se concentran las tiendas de los diseñadores.
Las tiendas de *Chanel, Hermès, Bucherer* y *Bruno Magli* están una al lado de otra en Rue du Rhône.
Los mejores **grandes almacenes** son *Bon Genie* (☒ Rue du Marché 34 ☎ 022 818 1111) y *Globus* (☒ Rue du Rhône 48 ☎ 022 319 5050).
Para **moda** menos exclusiva visite *Les Créateurs* (☒ Rue du Rhône 100 ☎ 022 311 5142).
La famosa **joyería** *Gübelin* tiene una tienda en Rue du Rhône 60 (☎ 022 310 8655).
Para comprar **recuerdos y regalos** visite *Come Prima* (☒ Rue de la Cité ☎ 022 310 7779) y *Swiss Tradition* (☒ Rue du Mont-Blanc 17 ☎ 022 731 6544). *Come*

Prima ofrece **bolsos** de piel y una amplia selección de artículos de **regalo,** mientras que *Swiss Tradition* vende objetos de artesanía de primera calidad –relojes de cuco, tallas de madera, etc.

Lausanne

En Lausanne la mayoría de las tiendas se concentran en el casco antiguo.

Bucherer tiene una sucursal en Place St François 5 (☎ 021 320 6354), junto a otros establecimientos de renombre.

La mejor tienda de **artesanía** es *Langenthal,* en Rue de Bourg 8 (☎ 021 323 4402), que ofrece una amplia selección bordados.

Lucerna

La mayoría de las calles comerciales se concentran en el casco antiguo.

Bucherer y *Gubelin* tienen varias **joyerías** en la zona.

Hay una buena oferta de **artesanía textil,** pero hay que tener cuidado con las falsificaciones. Es preferible dirigirse a los mejores establecimientos como *Sturzenegger* (✉ Schwanenplatz 7 ☎ 041 410 1958) y *Neff* (✉ Löwenstrasse 10 ☎ 041 410 1965).

Entre los **grandes almacenes** destacan *Manor* (✉ Weggisgasse 5 ☎ 041 419 7699) y *EPA* (✉ Rössligasse 20 ☎ 041 410 1977).

Lugano

Las calles peatonales del casco antiguo cuentan con muchas tiendas, pero el **centro comercial** de *Quartiere Maghetti* ofrece más variedad en menos espacio.

Los **grandes almacenes** más famosos son *Innovazione,* en Piazza Dante (☎ 091 912 7171).

Para una buena selección de artículos de **artesanía** visite *Bottega dell'Artigiano* (✉ Via Canova 18 ☎ 091 922 8140), tienda de la asociación de artesanos del Ticino.

Zurich

Zurich es famosa por sus tiendas que se concentran en la Bahnhofstrasse, donde se pueden encontrar grandes almacenes y boutiques.

Los **grandes almacenes** más importantes son *Grieder les Boutiques* (considerados los mejores del país) en Bahnhofstrasse 30 (☎ 01 211 3360), que incluye firmas tan prestigiosas como *Dior* y *Valentino;* y *Jelmoli* (✉ Bahnhofstrasse 69 ☎ 01 220 4411).

Además de los grandes almacenes, las **firmas internacionales** tienen tiendas en la ciudad.

Para **ropa de diseño** a precios más asequibles hay que visitar *Milano-Zürich* (✉ Usteristrasse 23 ☎ 01 212 0068), donde se encuentran modelos de firmas como *Moschino* y *Cerruti* a precios reducidos. *Sormustin* (✉ Ankerstrasse 41 ☎ 01 240 2606) se dedica al diseño nacional.

Los mejores **artículos textiles** se encuentran en *Spitzenhaus* (Börsenstrasse 30 ☎ 01 211 5576) y *Sturzenegger* (✉ Bahnhofstrasse 48 ☎ 01 211 2820), donde sólo se ofrecen artículos originales.

Leder-Locher, en Bahnhofstrasse 91 (☎ 01 211 7082) y *Münsterhof* 18/19 (☎ 01 211 1864) son las mejores tiendas de **artículos de piel,** mientras que para **artesanía, regalos y recuerdos** hay que visitar *Meister Silber* (✉ Bahnhofstrasse 28A ☎ 01 221 2730).

Navajas suizas

Las famosas navajas suizas, de color rojo y cruz blanca, fueron creadas a finales del siglo XIX para los soldados del ejército suizo. Hoy día son un accesorio indispensable para los aficionados a las actividades al aire libre y para los deportistas, ya que sus hojas multiusos permiten resolver todo tipo de pequeñas complicaciones. No obstante, algunos modelos nuevos resultan excesivamente grandes y aparatosos, ya que se han convertido en pequeñas cajas de herramientas al incorporar destornillador, abrelatas, abrebotellas, tijeras, perforador, lima, etc. Las mejores marcas son Victorinox y Wenger.

Actividades y diversión

Niños
Suiza es un lugar maravilloso para niños y jóvenes y los suizos se han preocupado de sus gustos y necesidades. Los barcos a vapor, teleféricos, trenes y numerosas oportunidades para practicar deporte dejan pocas posibilidades de que los niños se aburran. Pero, por si acaso, hay actividades específicas para niños en todos los pueblos y ciudades, como zonas de juego, piscinas, parques temáticos y museos de juguetes. Uno de los lugares más especiales es **Swissminiatur,** en Melide, en el Lago Lugano, donde se han reconstruido a escala los monumentos más importantes del país, incluidos modelos de trenes y teleféricos en funcionamiento.

Las posibilidades de diversión en Suiza son ilimitadas. En cualquier temporada, el visitante encontrará festivales y conciertos, tanto de día como de noche. En las estaciones de esquí siempre hay alguna actividad después de la jornada deportiva, además de la animación en discotecas y clubs nocturnos.

Senderismo
En las zonas de montaña se pueden realizar salidas de distinta duración por senderos bien señalados y cuidados; generalmente se indica el tiempo que falta para llegar al siguiente destino.
En los alrededores de pueblos y ciudades hay paseos circulares y, si se utiliza el transporte público, especialmente los famosos post-buses, se pueden planear excursiones más largas.

Deportes de altura
Los expertos guías de montaña de Suiza hacen posible que los principiantes disfruten de la **escalada** en paredes fáciles, mientras que los alpinistas con experiencia pueden abordar un buen número de cumbres más altas. Todos los días de verano salen grupos guiados hacia las paredes del Matterhorn.
Pocos lugares hay más espectaculares que los Alpes suizos para practicar el **ala delta** y **paragliding;** y, por supuesto, el **esquí** y el **snow-board** son los favoritos entre los visitantes a Suiza.

Deportes acuáticos
Los amantes de la aventura pueden lanzarse al **rafting** o al **descenso en canoa** por cañones y rápidos en los ríos de montaña.
Los lagos suizos son excelentes para la **vela** y el **windsurf,** especial-mente para principiantes porque los vientos son suaves.
Se puede **nadar** a cualquier altitud en los balnearios instalados en lagos y ríos, y en las numerosas piscinas cubiertas y al aire libre.

Fiestas y festivales
En Suiza se celebran numerosas fiestas populares a lo largo de todo el año y en todas las ciudades. Para más información consulte en la oficina de turismo local.
También tienen lugar una serie de importantes festivales internacionales.
A principios de mayo se celebra en Montreux el Festival de Televisión y, en julio, uno de los festivales de jazz más importantes de Europa.
En Lucerna tiene lugar un famoso festival de música a finales de verano.

Vida nocturna
La vida nocturna en Suiza es tan animada como en cualquier otro país de Europa, especialmente en las ciudades.
En Zurich, el *Kaufleten* (✉ Pelikenstrasse 18 ☎ 01 225 3300) tiene una bien ganada fama de ser el mejor local nocturno de la ciudad, también entre los jóvenes.
En Berna, el *Bern Temple* (✉ Aarbergstrasse 61 ☎ 031 311 5041) es el favorito de la juventud.
En Ginebra el lugar de moda, para ver y ser visto, es el *Arthur's Club* (Centre ICC, 20 Route de Prés-Bois ☎ 022 791 7700), mientras que en Lucerna es *The Loft* (✉ Haldenstrasse 2 ☎ 041 410 9244).

ÍNDICE

RESPUESTA COMERCIAL
AUTORIZACIÓN Nº 11.049
B.O C. 77 DE 20-9-91

A
FRANQUEAR
EN DESTINO

GRUPO ANAYA

Apartado de Correos 409 FD

Ref. **ANAYA TOURING CLUB**

28080 Madrid

ANAYA TOURING CLUB